日本の制度的要因が利益調整に
与える影響

首藤 昭信

三菱経済研究所

はじめに

　本書の内容は，会計学の利益調整（earnings management）または利益の質
（earnings quality）と呼ばれる研究領域に位置づけられる．利益調整は，会計
学の重要な研究領域の1つであり，非常に多くの論文が蓄積されてきた．例
えば，2010年に会計学のトップ・ジャーナルの1つであるJournal of Accounting
and Economicsに掲載された利益の質に関するサーベイ論では，会計学の主
要ジャーナルに掲載された論文が300本以上あることが示されており，その
体系化と含意について議論されている（Dechow et al. 2010）.

　利益調整とは，会計基準の規定の範囲内で行われる，会計利益の操作を目
的とした裁量行動のことをいう．現行の会計基準は，会計手続き選択や会計
上の見積もりの決定について，経営者にある程度の裁量を認めている．その
ため経営者は，報告利益を裁量的に調整する手段を有することになる．例え
ば，ある航空会社では，航空機の減価償却の耐用年数を変更し，かつ社債発
行費を全額費用計上から繰延資産計上に変更することで，経常利益を約192
億円増加させたという事例も報告されている（須田2000）.利益調整に関す
る経営者の意思決定は，財務報告に大きな影響をもたらすのである.

　利益調整研究の主要な関心は，経営者が利益を調整する動機を実証的に解
明することである．エージェンシー理論等にもとづいて経営者の動機につい
て仮説を設定し，財務データを用いて検証が行われてきた．筆者は，そのよ
うな関心に基づく研究成果を『日本企業の利益調整―理論と実証―』中央経
済社（2010）として公刊した.

　しかし近年の研究では，利益調整の実施に影響を与える決定要因や，利益
調整が株式市場に与える経済的帰結等の分析が進められている．特に，本書
が注目するのは，企業を取り巻く制度的要因（institutional factors）が経営者
の利益調整インセンティブに与える影響を調査した研究である．ここでいう
制度的要因とは，投資家保護等の法制度，税制，規制，または金融システム
の発展度合といった各国ごとに異なる制度的な特徴のことである．経営者が
行う利益調整は，各国の制度的要因によって制約を受けたり，制度的要因自

体が新しい利益調整インセンティブを創出することもある．本書は，日本企業の制度的要因に注目して，日本独自の制度的な特徴が生み出す経営者の利益調整行動を解明することを目的としている．そのような試みは，前述の拙著でも十分に検討できなかった論点である．

　日本の制度環境がもたらす会計行動を解明することは，日本独自の会計行動を解明することに他ならない．国際的な会計学の学術研究に貢献するだけでなく，会計・金融実務や会計規制にも重要なインプリケーションを提示することが期待できる．

謝辞

　本書を執筆するにあたり，多くの方々にお世話になった．本書の骨子となる第2章と第3章の実証研究は，関西大学商学部の岩崎拓也氏との下記の共同研究の成果がベースとなっている．

Shuto, A., and T. Iwasaki. 2014. Stable shareholdings, the decision horizon problem and pattern of earnings management. *Journal of Business Finance and Accounting* 41(9-10): 1212-1242.

Shuto, A., and T. Iwasaki. 2015. The effect of institutional factors on discontinuities in earnings distribution: Public versus private firms in Japan. *Journal of Accounting Auditing and Finance* 30(3): 283-317.

　岩崎氏には本書への掲載の許可を頂くと共に，多くの有益なコメントを頂戴した．心より御礼申し上げる．また本書を執筆する機会を与えて下さった東京大学大学院経済学研究科の松島斉先生に感謝申し上げたい．松島先生は東京大学にて研究室が隣という幸運に恵まれた．松島先生の自由かつ独創的な発想を常日頃から拝聴し，刺激を受けながら勉強させて頂いている．また会計グループの大日方隆先生と米山正樹先生にも常にご指導・ご鞭撻を頂いている．改めて御礼を申し上げたい．公益財団法人三菱経済研究所の丸森康史副理事長，杉浦純一常務理事，須藤達雄研究部長には，本書の公刊の機会を頂き感謝申し上げる．特に，杉浦理事には本書の草稿に対して極めて有益なコメントを頂戴した．バンカーとしてのご経験に基づくご指摘は非常に鋭く，草稿をブラッシュ・アップすることができた．神戸大学大学院経営学研究科の北川教央先生にも草稿をご確認頂いた．厚く御礼申し上げる．

　東京大学大学院経済学研究科の大学院生である杜雪菲氏，大箸祐太氏，平岡弥久氏には原稿の校正で多大な尽力を頂いた．ここに記して深く感謝申し上げる．

　2022年9月

　　　　　　　　　　　　　　　　　　　　　　　　　　　首藤昭信

目次

第1章　利益調整と制度的要因

1. 本書の目的 　　　　　　　　　　　　　　　　　　　　1
2. 制度的要因と利益の質 　　　　　　　　　　　　　　　3
3. 本書の分析視角と構成 　　　　　　　　　　　　　　　4

第2章　日本の制度的要因が損失回避の利益調整に与える影響

1. 本章の目的と構成 　　　　　　　　　　　　　　　　　7
2. 日本の制度的要因と仮説の設定 　　　　　　　　　　　12
   2.1 財務会計と税務会計の連携 　　　　　　　　　　　12
   2.2 企業と銀行の密接な関係 　　　　　　　　　　　　14
   2.3 上場企業と非上場企業での利益調整インセンティブの比較 　　17
3. リサーチ・デザイン 　　　　　　　　　　　　　　　　18
   3.1 変数の定義 　　　　　　　　　　　　　　　　　　18
   （1）租税回避のインセンティブ 　　　　　　　　　　18
   （2）企業と銀行の関係 　　　　　　　　　　　　　　19
   3.2 仮説検証のための分析モデル 　　　　　　　　　　20
   （1）仮説1と2の分析モデル 　　　　　　　　　　　20
   （2）仮説3と4の分析モデル 　　　　　　　　　　　23
4. サンプル選択と記述統計 　　　　　　　　　　　　　　24
   4.1 サンプル選択 　　　　　　　　　　　　　　　　　24
   4.2 記述統計 　　　　　　　　　　　　　　　　　　　27
5. 結果 　　　　　　　　　　　　　　　　　　　　　　　31
   5.1 予備的分析 　　　　　　　　　　　　　　　　　　31
   5.2 分析結果 　　　　　　　　　　　　　　　　　　　35
   （1）仮説1と2の検証結果 　　　　　　　　　　　　35
   （2）仮説3と4の検証結果 　　　　　　　　　　　　38
6. 追加検証 　　　　　　　　　　　　　　　　　　　　　41
7. 結論 　　　　　　　　　　　　　　　　　　　　　　　45

Appendix   47
  Appendix 1   47
  Appendix 2   49
  Appendix 3   50

第3章　日本の安定株式保有が利益平準化に与える影響

1.　本章の目的と構成   53
2.　先行研究と仮説展開   57
  2.1　意思決定範囲の問題と利益調整   57
  2.2　安定的な株式所有，投資意思決定範囲，および安定的な利益   58
  2.3　仮説展開   61
3.　リサーチ・デザイン   64
  3.1　利益平準化の測定   64
  3.2　検証モデル   69
4.　サンプル選択と記述統計   72
  4.1　サンプル選択   72
  4.2　記述統計量   73
5.　分析結果   76
6.　追加検証   79
  6.1　短期的な利益目標達成のための実体的裁量行動   79
  6.2　結果の頑健性   83
7.　結論   83
Appendix   85

第4章　総括とインプリケーション

1.　研究結果の要約   87
2.　研究結果のインプリケーション   88

参考文献   91

第1章

利益調整と制度的要因

1. 本書の目的

　会計情報に期待されている役割は，投資意思決定支援機能と契約支援機能という2つの機能に大別される（桜井1991; 須田2000）．投資意思決定支援機能とは，投資家の意思決定に有用な会計情報を提供し，もって証券市場における効率的な取引を促進する機能である（須田2000, 16頁）．一方，契約支援機能とは，契約の監視と履行を促進し，契約当事者間の利害対立を減少させ，契約の効率性を高める機能のことを意味する（須田2000, 21頁）[1]．

　これまでの実証的な会計研究は，この2つの財務会計の機能の視点から，2つの研究領域に分かれて進展してきた（首藤2013a）．1つは資本市場ベースの会計研究である．主として，会計情報と株価の関連性が分析され，会計情報が投資家の意思決定のための有用な情報源となっていることが示されてきた．もう1つの研究領域は，契約・エージェンシー理論ベースの会計研究である．会計情報が各種の契約において利用されることで，契約当事者間のエージェンシー費用を削減し，契約の効率性を高めていることが示されている．会計学研究では，会計情報が2つの機能の発揮を通じて，証券市場や契約の効率性の向上に貢献することが実証的に確認されている．

　ただし，財務会計の機能と経営者による会計利益の裁量的な操作は表裏一体の関係にあることに留意しなければならない（須田2000; 首藤2010）．財

---

[1]　これらの機能は情報提供機能および利害調整機能と呼ばれることもある（桜井1991）．投資意思決定支援機能と契約支援機能の厳密な定義は須田（2000, 30-32頁）に詳しい．

務会計の機能が遂行され，その機能が社会で認知されれば，会計情報の作成者である経営者は，事前に会計情報を操作するインセンティブを持つからである．例えば，会計利益に連動する報酬契約を結んでいる経営者や，資金調達を行うことを予定している経営者は，報告利益を増加させるインセンティブを持つかもしれない．また反対に，租税回避に関心が強い経営者は，報告利益を減少させ，税コストを削減する動機を持つかもしれない．

このような報告利益の調整を目的とした経営者の裁量行動は「利益調整（earnings management）」と呼ばれる[2]．利益調整とは「何らかの特定の目的を達成するために，経営者によって行われる会計数値を対象とした裁量行動である」と定義される（首藤2010）[3]．現行の一般に認められた会計基準（Generally Accepted Accounting Principles; GAAP）は，会計手続き選択や会計上の見積もりを決定するにあたり，経営者にはGAAPを逸脱しない範囲である程度の裁量を認めている．例えば，減価償却の計算方法には定額法と定率法があり，その選択は経営者に任せられている．また減価償却費を計算する際に必要となる，残存価額と耐用年数の見積もりも経営者の裁量の範囲内である．このような意思決定は，発生主義会計にもとづく会計利益の計算に影響を与えるため，経営者は報告利益を裁量的に調整する手段を有することになる（首藤2013a）．

利益調整研究は，現代の会計学研究の主要な研究領域の1つとなっており，多数の経験的証拠が過去数十年にわたって国際的に蓄積されている[4]．本書の目的は，日本企業に特有の利益調整を解明することである．具体的には，金

---

[2] "earnings management" には，利益調整の他に，利益マネジメント，利益数値制御，報告利益管理または利益操作といった訳語があてられることもある（岡部2004; 奥村2006; 一ノ宮2008）．

[3] 利益調整の定義に関する詳細な議論については，首藤（2010, 17–18頁）を参照してほしい．

[4] 利益調整研究の体系および先行研究のサーベイについては，首藤（2013a, 2013b）を参照してほしい．また日本企業を対象にした実証研究については首藤（2010）で行われている．

融システムや税制といった日本に特徴的な制度的要因（institutional factors）
が，日本企業特有の利益調整行動を誘発すると予測し，その検証を行う．

2.　制度的要因と利益の質

　制度的要因が利益調整に与える影響は，国際比較研究によって知見が蓄積
されてきた．機会主義的な動機に基づく利益調整は，報告利益にノイズをも
たらすため，利益の質（earnings quality）を低下させる[5]．各国の制度的要因の
相違が，利益調整の程度，すなわち利益の質に与える影響について多くの検
証が行われてきた（榎本 2017, 2018）．

　ここでいう制度的要因とは，投資家保護等の法制度，税制，規制，法の強
制力，政治体制，金融システムの発展度合，会計基準，または会計・監査に
対する規制等である（榎本 2017, 2018）．例えば Leuz et al.（2003）は，1990 年
から 1999 年の 31 カ国をサンプルとして，少数株主の保護と法の強制力で代
理する投資家保護が強い国ほど，利益調整が減少することを明らかにしてい
る．少数株主の富を搾取するような機会主義的行動を取る経営者は，その帰
結として生じる業績悪化を利益調整により隠そうとする．しかし，投資家保
護が強い国では，そのような経営者の機会主義的な行動が抑制されるため，利
益調整を実施するインセンティブも低下すると解釈される．また Haw et
al.（2004）は，投資家保護と利益調整の関連性に加えて，司法制度の効率性
（efficiency of judicial system）や税法の遵守率が高い国ほど利益調整が減少す
ることを示している．さらに，Degeorge et al.（2013）では，各国の金融シス
テムの発展度合いと利益調整の関連性を分析した．具体的には，1994 年か
ら 2002 年までの 21 カ国のデータを用いて，金融発展の水準が高い国では，
低い国と比較して，各企業に対するアナリスト・カバレッジの増加と利益調
整が負の相関関係にあることを示した．金融システムが発展している国で
は，投資家による会計情報の需要が大きくなり，アナリストのモニタリング

---

[5]　利益調整の中には，企業の私的情報を伝達する機能もあり，効率的な側面から議論
　　されることもある．（Healy and Palepu 1993）．

が強化されるためである．

　このように，各国の制度的要因は経営者の利益調整に影響を与えることが
わかっている．これまでの実証研究の多くは，個別国ベースで行われてきた
が，そのような分析では制度的要因の影響は捨象されるため，国際比較研究
を実施することが重要となる（榎本2017, 2018）．

3.　本書の分析視角と構成

　本書では，2つの実証分析を通じて，日本に特徴的な制度的要因が，日本
企業特有の利益調整行動を誘発するか，ということを調査する．本書が注目
する日本の制度的特徴は，(1) 税務会計と財務会計の連携，(2) 企業と銀行
の密接な関係性，および (3) 安定株主の存在，の3つである．

　米国等の多くの国々では，税務上の徴税と会計上の財務報告は分離して行
われることが一般的である．言い換えれば，徴税の基礎となる課税所得の計
算と財務報告のための会計利益の計算は別規準によって計算される．一方日
本では，2つの制度が密接に関連している．法人税法は，株主総会での報告
または承認により確定された損益計算書の当期利益から，誘導的に課税所得
が計算されることを予定している（法人税法第74条）．これは確定決算基準
と呼ばれ，財務報告の会計利益をベースとして課税所得が計算されることを
意味する．このシステムは，租税回避といった税務に関連する利益調整イン
センティブを経営者に創出することになる．

　また日本の金融システムは，銀行依存型のシステムと言及されることが多
い．メインバンクは，他のステーク・ホルダーよりも貸出先である企業に関
する情報を多く有しているため，経営者に対する厳格なモニタリングを行う
ことが可能である．具体的には，メインバンクは，公的情報である会計情報
以外にも，企業に関する様々な私的情報を有しており，企業の財務状況に応
じた柔軟なモニタリングを行うことが知られている（Aoki 1994, 2000; Aoki et
al. 1995）．また企業にとっては，極端な業績悪化は，銀行による経営介入や
債務契約の見直しを要求される可能性を高めるため，利益調整の動機が強ま
る可能性もある．企業と銀行の関係性は，経営者の利益調整に影響を与えそ
うである．

　さらに，日本の制度的特徴の1つに，金融機関や株式相互持合いといった安定株主が存在することが指摘できる．株式所有構造が経営者の利益調整に影響を与えることはすでに多くの研究で示されているが（首藤 2013a, 2013b），とりわけ経営者の意思決定の範囲（decision horizon）に与える影響を考察する．短期保有の機関投資家は，短期業績目標の達成といった，近視眼的な意思決定を経営者に促す（Bushee 1998）．これは短期業績目標達成のための利益調整といった形で顕在化する（Bushee 1998）．一方で，安定株式の保有がどのような利益調整行動を誘発するのかは，いまだ十分に解明されていない．

　本書では，上記の制度的特徴が利益調整に与える影響について，日本企業をサンプルにして実証分析を行う．具体的には，第2章において，日本企業による損失回避の利益調整が顕著である理由を解明するために，税務会計と財務会計の連携と企業と銀行の密接な関係性に注目した分析を行う．第3章では，日本の株式所有構造の特徴である，株式相互保有や金融機関による安定株式保有に注目し，それらが経営者の利益平準化行動に与える影響を検証する．そして最後の第4章において，研究結果の要約とインプリケーションを提示する．

　すでに述べたとおり，制度的要因と利益調整の関係を分析するためには，国際比較研究が望ましいセッティングとなる．しかし国際比較研究では，各国の制度的要因の影響度合いは国内では一定であることを前提にした分析が多い．そのような仮定は現実的ではない．例えば，日本国内でも，企業の銀行借入への依存度や株式所有構造の形態は様々であり，そのような差異は日本国内の利益調整行動の相違として反映されるはずである．そのような知見の確認は，日本企業の会計行動を理解するために重要な手掛かりとなるであろう．本書では，日本企業の会計行動をより深く解明することを主眼に置いている．そのため，日本企業のみを分析対象とすることで，より深度のある仮説展開と実証分析を行うことを試みる．

第2章

日本の制度的要因が損失回避の
利益調整に与える影響

1. 本章の目的と構成

　本章の目的は，日本特有の制度的要因が損失回避の利益調整に与える影響を検証することである．本研究の背景には，日本企業の損失回避行動が極めて顕著であるという研究成果の存在がある．その原因を日本の制度的特徴に着目して解明することが本研究の目的となる．

　損失回避の利益調整に注目した嚆矢となる研究は Burgstahler and Dichev（1997）である．Burgstahler and Dichev（1997）は，利益分布アプローチと呼ばれる利益調整を検出する新しい研究手法にもとづき，米国企業が損失回避の利益調整を行っていることを例証した．利益分布アプローチとは，報告利益をヒストグラムで示すことによって利益調整の有無を判断する方法である．分析方法は非常にシンプルで，損失回避の検証であれば報告利益の水準を，減益回避の検証であれば当期と前期の報告利益の差額を，アナリスト予想値の分析であればその予想誤差を分布させ，分布のゼロ付近の不規則性を視覚的・統計的に確認するものである．

　図2-1に，Burgstahler and Dichev（1997）が提示した損失回避の利益調整の分析結果を載せている．図のヒストグラムは，当期純利益の水準の分布であり，利益額がゼロとなる閾値を点線で示している．そのため，点線の左側が損失企業，右側が損失回避企業となる．分布を観察すると，ゼロをわずかに下回る左側の観測値が極端に少なく，ゼロをわずかに上回る右側の観測値が多くなっていることが見て取れる．このような分布の不規則性は，経営者による人為的な利益調整のせいで，ゼロの左側の区間に分布するはずの観測値が，ゼロの右側の区間に移行したと考えられ，報告利益を調整した証拠とし

図 2-1　Burgstahler and Dichev（1997）の分析結果：米国企業を対象とした損失回避の検証

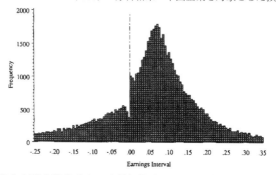

注）図では，年次利益を期首時点の市場価格（market value）で除した値を分布させた
　　ものとなる．階級幅（earnings interval）は，0.005の幅で設定している．縦軸の度
　　数（frequency）には，それぞれの区間に含まれる観測値数を表示している．
出所）Burgstahler, D., and I. Dichev. 1997. Earnings management to avoid earnings decreases
　　and losses. *Journal of Accounting and Economics* 24（1），p.109.

て解釈される[1]．

　図2-2は，首藤（2010）に基づく日本企業を対象にした分析結果である．
Burgstahler and Dichev（1997）と同様に当期純利益を分布させているが，ゼロ
付近の分布の不規則性が極めて明瞭な形で現れている．当期純利益の度数
は，ゼロを境にして，大きくジャンプしており，分布の傾きの不連続性（dis-
continuities）が確認できる[2]．この結果は，日本企業の経営者が損失回避の強
いインセンティブを有していることを示唆している．同様の傾向は，他の研
究でも確認されている（Thomas et al. 2004; Suda and Shuto 2007; Shuto 2009）．

　本研究の目的は，このような日本企業のゼロ付近での利益分布の不規則性
の原因を解明することである．利益分布の不規則性は日本企業に顕著な傾向

---

[1]　またその分布の不規則性を統計的に検証する方法として，標準化差異（standardized
　　difference）と呼ばれる方法も併用されている（Burgstahler and Dichev 1997）．
[2]　Burgstahler and Dichev（1997）は，連結当期純利益を時価総額で基準化しているのに
　　対して，首藤（2010）では単独当期純利益を総資産額で基準化しているという相違
　　点がある点は注意してほしい．

図 2-2　首藤（2010）の分析結果：日本企業を対象とした損失回避の検証

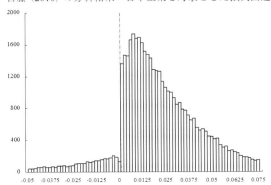

注）ヒストグラムは *NI*（当期純利益$_t$ / 総資産$_{t-1}$）を対象に -0.05 から $+0.075$ に含まれ
る観測値を収集し，0.0015625 の階級幅で区間を設定している．図表中の点線はゼ
ロ未満とゼロ以上との区間の境界線を示している．
出所）首藤昭信（2010）『日本企業の利益調整』中央経済社，図表 2-5, 77 頁．

であり，その原因は日本特有の制度的要因によって説明できることを予測す
る．具体的には，(1) 財務会計と税務会計の連携と (2) 企業と銀行の密接な
関係，という 2 つの特徴に注目し，3 つの分析を実施する．

　1 つ目の分析は，財務会計と税務会計の連携が損失回避に与える影響を調
査することを目的とする．日本では，財務会計と税務会計の連携の程度が他
国に比べて著しく高いことが知られている（Guenther and Young 2000; Bartov
et al. 2001）．これは確定決算基準と呼ばれる制度の下で，わが国の法人税法
が，株主総会での報告または承認により確定された損益計算書の当期利益か
ら，誘導的に課税所得を計算することを予定しているためである（法人税法
第 74 条）．会計利益の計算と課税所得が直接リンクするため，日本の経営者
の意思決定に大きな影響を与えることが予想される（Alford et al. 1993; Ali
and Hwang 2000; Ball et al. 2000; Guenther and Young 2000; Bartov et al. 2001;
Burgstahler et al. 2006）．

　例えば，税負担を減らしたい経営者は，報告利益を下方に調整するインセ
ンティブを持つであろう．会計利益とリンクした課税所得を減額することに
よって，税負担の減額につながるからである．しかし，極端に低い利益，例
えば損失等を計上すると，監督官庁の注目を集め，税務当局の調査を受ける

可能性が高くなる（Herrmann and Inoue 1996; Coppens and Peek 2005）．したがって，租税回避のインセンティブを持つ経営者は，損失にならない範囲内で利益を減少させる可能性が高い．その結果，経営者はわずかな正の利益を計上するような利益調整を行い，結果的に利益分布のゼロ付近の不規則性が生じると推測される．

本研究は，税負担削減のインセンティブの強さを代理する変数として，Gramlich et al.（2004）の方法に従い，限界税率を用いる．分析を行った結果，上記の予測と一致し，限界税率が高い企業ほど，わずかに正の利益を計上する利益調整を行う傾向があることが確認できた．

2つ目の分析は，企業の銀行依存度と損失回避行動の関係を明らかにすることである．各国の金融システムは，市場志向型（market-oriented）と銀行志向型（bank-oriented）のシステムに大別されるが，日本の資本市場は，典型的な銀行志向型の金融システムに分類される（Ali and Hwang 2000; Guenther and Young 2000; Bartov et al. 2001）．日本の銀行依存型の金融システムの特徴の1つは，銀行が企業の財務状況の悪化時に企業の行動を監視する重要な役割を担っていることである．企業と特定の銀行との密接な結びつきは，しばしば「メインバンク制度（main bank system）」と呼ばれる（Aoki et al. 1995）．メインバンクは，経営者の交代や取締役の派遣などを通じて，経営行動を監視する強いインセンティブと能力を持っている．

先行研究では，メインバンクは，債務者である企業の業績や財務状況に応じて，経営介入の程度を変化させることを示している（Aoki 1994; 2000; Aoki et al. 1995）．このようなメインバンクを通じた特殊なガバナンスの仕組みは，状態依存ガバナンス（contingency governance）と呼ばれる．メインバンクは，企業が財務的に健全であれば，債務者企業の経営に介入することはないが，極端に悪い業績が報告されると，再契約，経営者の交代，メインバンクが選定した取締役の派遣といった様々な経営介入を行うことが，理論研究および実証研究で明らかになっている（Kaplan and Minton 1994; Kang and Shivdasani 1995）．最悪の場合，メインバンクは貸出先企業の救済を断念する可能性もある．

また日本の銀行は，自己査定を行う際に，信用格付にもとづいて債務者区

分を行う実務が浸透している．そして，その区分方法は金融庁の「金融検査
マニュアル」に従うのが一般的である[3]．債務者の財務状況，資金繰り，収益
力等を判定して，「要注意先」または「破綻懸念先」といった区分を行うが，
債務者が赤字（損失）の場合は，その原因について精査が行われることが知
られている．

　したがって，銀行への依存度が高い企業経営者にとって，損失の報告は業
績悪化の明らかなシグナルとなり，その後の銀行による介入を引き起こすた
め，損失を回避するために利益調整を行う強いインセンティブを持つと予想
される．

　本研究では，企業と銀行の関係の強さを捉える代理変数として，銀行借入
をベースとした3つの変数を主成分分析を用いて統合した変数を利用する．
分析の結果は予測と一致し，銀行との関係が密接な企業ほど，わずかに正の
利益を計上するような利益調整が行われていることを発見した．

　最後の分析は，上記2つの分析結果が，上場企業と非上場企業によって異
なるかを検証することである．租税回避と銀行依存に基づく利益調整インセ
ンティブは，非上場企業でより大きくなることが予想されるため（Burgstahler
et al. 2006），上場企業と非上場企業の違いを検証することにより，それまで
の結果の妥当性を確認する．

　非上場企業には株式市場からの圧力がなく，それに関連する利益調整のイ
ンセンティブが生じない．一般に，株式市場に向けた利益調整は利益増加型
の利益調整であることが多いため，非上場会社は，租税回避のための利益減
少型の利益調整を行いやすいことが予想される（Coppens and Peek 2005;
Burgstahler et al. 2006）．また非上場企業は，資金調達の際に株式市場を利用
しないため，銀行への依存度は上場企業よりも強くなることが予想される．
分析を行った結果，限界税率（または企業と銀行の関係の強さ）と損失回避
の関係は，非上場企業においてより強くなることを発見した．

---

[3]　現在は，この金融検査マニュアルは廃止されている．同マニュアルの詳細について
　は，脚注7で後述する．

本研究は，以下の点で先行研究に対する貢献を有すると思われる．第1に，本研究は，日本の利益調整の特徴と日本特有の制度的要因を結びつけることで，日本の会計研究と会計実務に対するより深い洞察を提供している．本分析では，日本企業特有の制度的要因が，日本企業に特徴的な利益分布を形成するという証拠を提示した．過去の国際比較研究の多くは，制度的要因が企業の報告インセンティブを形成するという点で本研究と整合する証拠を提示している．しかし，各国内において，制度的要因と利益調整の関連性の程度に相当のばらつきがあることを考慮していない．本研究では，日本という単一国に焦点を絞ることで，仮説構築およびリサーチ・デザインにおいてより詳細な検討を行い，先行研究の知見を補強することが期待される．

第2に，本研究は，利益分布アプローチの方法論としての有効性をめぐる議論にも貢献している（Durtschi and Easton 2005, 2009; Jacob and Jorgensen 2007）．いくつかの先行研究は，利益分布の不規則性は，経営者の利益調整に起因するものではないと主張している（Durtschi and Easton 2005, 2009）．制度的特徴が利益分布の不規則性と強く関連しているという発見事項は，利益分布の不規則性が利益調整行動によるものであるという，それまでの利益調整研究の仮定を支持するものである．本研究の結果は，会計基準設定機関，規制機関，税務当局，または銀行の融資実務等に重要な示唆を与えることが期待される．

本研究は以下のように構成されている．第2節では，日本における制度的要因を要約し，仮説を構築する．第3節では，本研究で使用する変数について定義し，リサーチ・デザインについて説明する．第4節では，サンプル選択の手順と使用した変数の記述統計量について述べる．第5節では実証結果を示し，第6節で追加分析の結果を提示する．最後の第7節で結論をまとめる．

2. 日本の制度的要因と仮説の設定

2.1 財務会計と税務会計の連携

わが国の法人税法は，株主総会での報告または承認により確定された損益計算書の当期利益に基づいて課税所得が計算されることを予定している（法

人税法第74条）．つまり，当期利益を基礎にして，それに法人税法の規定による修正を行うことで，課税所得を誘導計算するのである（法人税法第22条）[4]。このように財務会計と税務会計が強く結びついた制度は確定決算基準と呼ばれ，日本特有の制度会計とされてきた．

この財務会計と税務会計の強い関連性は，企業の財務報告に関するインセンティブに大きな影響を及ぼすと考えられる（Alford et al. 1993; Ali and Hwang 2000; Ball et al. 2000; Guenther and Young 2000; Bartov et al. 2001; Burgstahler et al. 2006）．なぜなら経営者に，租税回避目的で会計利益を調整するインセンティブを創出するためである．具体的には，経営者は税コストを削減するために，できるだけ会計利益を下方に調整し，課税所得額を小さくするインセンティブを持つと考えられる．その結果，利益の質が低下する可能性がある．この予測と一致して，課税所得が財務会計上の利益に基づいて計算される国では，経営者が利益調整を行う傾向が強く（Burgstahler et al. 2006），質の低い利益を報告する，ということが国際比較分析によって示されている（Alford et al. 1993; Ali and Hwang 2000; Ball et al. 2000; Guenther and Young 2000; Bartov et al. 2001）．

しかし，このような租税回避目的の裁量行動には，税務調査の対象となるリスクが伴うことに注意しなければならない．企業が利益調整によって極端に低い利益を報告すれば，税務調査を受ける可能性を高め，結果として追加の税務コストを支払う可能性もある（Herrmann and Inoue 1996; Coppens and Peek 2005）．税務当局は，監査済み財務諸表を税務目的にも使用することができるため，税務調査のコストを大幅に削減することができる．課税所得の計算過程を詳細に調査する必要がなく，損失の計上など，租税回避の可能性があるケースの検出に集中できるためである．

以上の議論に基づくと，日本企業の経営者にとって最善の租税回避戦略

---

[4] 課税所得の計算は，原則として財務会計上の利益に基づいて行われるが，一部例外もある．具体的には，法人税法第22条において，法人税法の趣旨に合わない一部の勘定科目については，財務会計上の損益を税務上調整（加算または減算）することにより課税所得を計算することが規定されている．

は，税務当局による調査が入る可能性が高まらない範囲で，報告利益をできるだけ減少させることであると思われる．もし損失の計上で税務調査のリスクが高まるのであれば，わずかに正の利益を報告することは，租税回避の有効な戦略となるであろう．ほとんどの経営者は，税負担を削減するインセンティブを持つかもしれないが，それは租税回避のベネフィットが大きい企業ほどより顕著になることが予想される．例えば，限界税率が高い企業では，そのような動機はより強くなるであろう．以上を勘案して以下の仮説1を設定する．

仮説1　租税回避のインセンティブが大きい企業ほど，わずかな正の利益を計上する．

2.2　企業と銀行の密接な関係

本研究が注目するもう1つの制度的要因は，市場志向型と銀行志向型のシステムに大別される金融システムの特徴である（Ali and Hwang 2000; Guenther and Young 2000; Bartov et al. 2001）．銀行志向型のシステムでは，資金需要のほとんどが少数の銀行によって賄われるため，企業は銀行と非常に密接な関係を持つことになる．日本は，ドイツと一緒に，典型的な銀行志向型の国として分類されることが多い（Ali and Hwang 2000; Guenther and Young 2000; Bartov et al. 2001）．とりわけ，日本企業と特定の銀行との密接な結びつきはメインバンク制度と呼ばれ，銀行借入，取引先企業の株式保有，役員の派遣といった特徴がある．メインバンクは，債権者であると同時に株主として経営者の行動を監視する強いインセンティブを持ち，企業の内部情報を容易に入手できるため，企業経営者の非効率な行動をモニタリングすることが可能である[5]．このように日本の金融システムでは，メインバンクによるモニタリングがコーポレート・ガバナンスの重要な役割を果たしてきた．

---

[5]　メインバンクは，貸出先企業の当座預金口座から，自行での当座預金残高を含む借り手のデータを継続的かつ独占的に入手でき，顧客企業の状況を常にモニタリングすることができる（Aoki et al. 1995）．

14

　また日本の銀行は貸出先企業の財務状況に応じて，モニタリングの程度を変化させることが知られている（Aoki 1994, 2000; Aoki et al. 1995）．メインバンクは，業績の良い貸出先企業に対しては貸出を継続し，経営に介入しないという傾向にある．反対に，貸出先企業の業績が著しく悪化した場合，メインバンクは経営者の交代，もしくは取締役の派遣など，企業のリストラクチャリングを積極的に主導する．メインバンクは，企業の支配権を一度握ると，その企業を救済するか清算するかの選択権を有することになる．こうしたメインバンクによるモニタリングの仕組みは，状態依存ガバナンスと呼ばれている（Aoki 1994, 2000; Aoki et al. 1995）[6].

　上記の理論的示唆と整合的に，日本の銀行が会計利益の極端な減少を業績悪化のシグナルとみなし，企業経営に介入することを示す研究が多く存在する．例えば，Sheared（1994a），Kaplan and Minton（1994），および Kang and Shivdasani（1995）は，会計利益と取締役の派遣の間に負の相関があることを示した．特に損失の計上時に銀行の介入が顕著になることが示されている．

　これは財務業績の悪化を示す会計利益が，銀行の意思決定にとって重要であるということを示唆している．したがって，債権者である銀行は，財務数値のわずかな変動ですぐに行動を変化させることは少ないが，損失などの業績悪化の明確なシグナルがあると，経営者の行動を規律づけるための様々な対策をとる．

　また日本の銀行は，自己査定を行う際にも，会計情報に注目することが知られている．自己査定とは，金融機関が信用リスクを管理するために，保有する資産を個別に検討して，返済能力を判定することである．その目的の1つは，適正な償却・引当を行うことである．自己査定にあたっては，銀行独自の信用格付にもとづいて債務者区分を行うが，その基本となるのが金融庁

6　具体的には，状態依存ガバナンスとは，財務上に余裕がある限り，関係者間での事前の合意により内部昇進あるいは社内の人事によって選定された経営者（内部者）に企業の支配権を委ねる，というガバナンス構造を意味する．企業の財務状況が悪化した場合のみ，支配権が内部者から介入する意思を持つ外部者であるメインバンクに自動的に移行する（Aoki 2000）．

の「金融検査マニュアル」である[7]. 具体的には，債務者の財務状況，資金繰り，収益力等により，返済の能力を判定して，その状況等により債務者を正常先，要注意先，破綻懸念先，実質破綻先及び破綻先に区分する．この区分の査定を行う際に，赤字（損失）か黒字かは，重要な判断基準となっている．

　この状態依存ガバナンスの議論が示唆することは，税務当局の動きと同様に，銀行も債務者である企業が正の利益を計上している間は経営に介入しないが，損失を報告するとモニタリングを強める可能性がある，ということである．経営者は，利益調整をしなくても利益が極端に低くならない場合は，利益調整を行うインセンティブを持たないと考えられる．一方，利益調整を行わなければ損失が計上されてしまう場合には，それを回避する強いインセンティブを持つことが考えられる．すなわち，損失は銀行の意思決定の重要な閾値であり，それが債務者である企業の損失回避のための利益調整を引き起こす可能性がある．したがって，銀行との結びつきが強い企業は，損失を回避するための利益調整を行う可能性がより高くなることを予測する[8].

---

[7] 「金融検査マニュアル」は通称であり，銀行用の正式名称は「預金等受入金融機関に係る検査マニュアル」という（1999年に制定）．金融検査マニュアルは，金融庁の金融検査の手引書であったため，銀行実務に多大な影響を与えた．ただし，同マニュアルの画一的な判断基準が批判を呼び，2019年に廃止された．

[8] 利益の特性に影響を与える制度的要因として，先行研究では本研究が扱っている要因以外にも，(1) 法制度の起源（コード・ローかコモン・ローか）と (2) 外部株主保護に関する国の法制度という2つを挙げている（La Porta et al. 1997; Ball et al. 2000）．日本は通常，利益の質が低いと考えられるコード・ローの国に分類される（Ali and Hwang 2000; Ball et al. 2000; Guenther and Young 2000）．また，外部株主保護に関しては，La Porta et al. (1997) の「antidirector rights」指標で判断すると，日本は株主保護が緩やかであると分類されることが多い（Ali and Hwang 2000; Guenther and Young 2000; Leuz et al. 2003）．本研究では，以下の理由から，これらの制度的要因を分析に織り込まないこととする．第1に，これらの法制度的要因の影響の度合いは，一国内でばらつきがないことが予想される．第2に，上記2つの制度的要因は，ゼロ付近での利益分布の不連続性が生じる理由を合理的かつ積極的に説明する理論的背景を有しないためである．

仮説2　銀行と密接な関係のある企業ほど，わずかに正の利益を計上する．

2.3　上場企業と非上場企業での利益調整インセンティブの比較

　本研究が注目する2つの制度的要因が利益調整に与える影響は，上場企業よりも非上場企業でより顕著に現れることが予想される．上場企業と非上場企業の情報環境の最も大きな違いは，非上場企業が株式市場からの圧力にさらされていないことにある．

　上場企業の経営者は，株式市場の投資家を意識して利益増加型の利益調整のインセンティブを有することが分かっている（Bergstresser and Philippon 2006）．さらには経営者が自社株保有やストック・オプションといった株式保有に基づくインセンティブ（エクイティ・インセンティブ）を有している場合，後に有利な価格で保有する株式を売却するために，報告利益を増加させることも示されている（Cheng and Warfield 2005）．一方，非上場企業には，そのような株式ベースのインセンティブがないため，利益を増加させるインセンティブを相対的に有しない．結果として，利益減少型となる租税回避目的の利益調整を行いやすいことが予想される（Coppens and Peek 2005; Burgstahler et al. 2006）．

　もちろん，損失回避の利益調整は非上場企業と上場企業に共通するインセンティブであるが，利益を増加させる動機が大きい上場企業の経営者が，報告利益をゼロに近づけるような利益減少型の利益調整を行うとは考えにくい．したがって，租税回避のインセンティブが利益調整に及ぼす効果は，上場企業よりも非上場企業でより大きくなることが予想される．

仮説3　損失回避行動と租税回避のインセンティブとの関連性は，上場企業よりも非上場企業のほうが強くなる．

　また，銀行との関係から生じる企業の利益調整も，上場企業よりも非上場企業の方で顕著になることが予測される．非上場企業は，一般に，株式市場での資金調達を行わないため，銀行への依存度は上場企業よりも高くなる．非上場企業のメインバンクは，主要な資金提供者として企業に対して大きな

影響力を持ち，より厳しいモニタリングを行う可能性がある．したがって，非上場企業の経営者は，損失回避の利益調整インセンティブがより大きくなることが予測される．

仮説4　損失回避行動と銀行依存度との関連性は，上場企業よりも非上場企業のほうが強くなる．

3.　リサーチ・デザイン

3.1　変数の定義

　本節では，損失回避行動を説明する制度的要因として本研究が注目する①租税回避のインセンティブと②銀行との関係の強さの代理変数について説明する．

(1) 租税回避のインセンティブ

　本研究では，租税回避のインセンティブを代理する変数として，先行研究に依拠して限界税率（marginal tax rate）を利用する（Scholes et al. 2002; Gramlich et al. 2004）．限界税率とは，一般に，1通貨単位の課税所得が増加した場合に，課税当局に支払う現金の増加割合，として定義される（Scholes et al. 2002）．

　先行研究では，税負担削減行動（tax avoidance）の代理変数として，実効税率，会計利益と課税所得の差異（book tax differences: BTD），または限界税率といった様々な指標が用いられている（Hanlon and Heitzman 2010）．本研究が限界税率を利用する理由は，経営者の税負担削減行動ではなく，そのインセンティブの大きさを捉えたいためである．租税回避のインセンティブを捉えるためには，実効税率のような税負担の大きさではなく，追加的な所得を得ることで生じる税コストの大きさを測定することが重要となる．限界税率は1通貨単位あたりの追加所得に対する税コストの増加割合として定義されるため，より適切な指標になると考えられる（Scholes et al. 2002; Gramlich et al. 2004）．

　限界税率の測定に当たっては，将来の税コストと利益を推定する必要が生

じる．測定方法はいくつか考えられるが，ここでは Gramlich et al.（2004）の方法を採用する．Gramlich et al.（2004）の方法を用いる理由は以下の 2 点である．第 1 に，Gramlich et al.（2004）は，日本企業の系列関係のタックス・マネジメントを調査するために，日本の税務環境を考慮した限界税率の測定方法を提案している．具体的には，繰越欠損金に関する日本の税法規定を考慮に入れた，課税所得に関するダミー変数を用いている．第 2 に，このダミー変数は企業の限界税率の変動の大部分を捉えることがシミュレーション等により例証されている（Graham 1996b; Plesko 2003; 鈴木 2002）[9]．変数の詳細な定義は Appendix 1 に記載しているため，そちらを参照してほしい．

(2) 企業と銀行の関係

　企業の銀行との関係性の強さを測定するために，本研究は以下の 3 つの変数に着目する．

　　　DEBT ＝企業が銀行借入（短期または長期の借入）を行っている場合に 1，
　　　　　　　そうでない場合に 0 をとるダミー変数
　　　LOAN ＝期末時点における短期借入および長期借入の合計額を総資産額
　　　　　　　で割った値
　　　LOAN5 ＝過去 5 年間の *LOAN* の平均

　これらの 3 つの変数は，企業と銀行の関連性の強さを捉えることが期待される．*DEBT* は企業が銀行借入を行っているかを示すダミー変数であり，企業が融資の際に銀行借入に依存しているかどうかを示す基本的な変数である．この変数を用いることで，銀行からの借入を全く行っておらず，銀行と関係を持たない企業を識別できる．*LOAN* は企業の借入総額を表し，企業が

---

[9]　Graham（1996b）および Plesko（2003）が示した証拠は，Shevlin（1990）と Graham（1996a）が提案した単純なダミー変数でも，将来利益のシミュレーションから企業限界税率を推定する手法と同様に，企業の限界税率を適切に捉えられると示している．鈴木（2002）もまた，ダミー変数を用いる手法が日本企業にとって適切であることを示している．

銀行借入に依存している程度を表す．*LOAN5*は過去5年間の借入の平均値であるため，銀行との長期的な関係性，言い換えれば，過去の銀行借入の履歴を反映するものである．

　これらの各変数はすべて，企業のメインバンクとの関係の強さの代理変数として用いることができるが，それぞれ異なる特徴を有するため，いずれか1つの変数のみで銀行との関係性を捉えることができない．そのため，本研究では主成分分析用いて，上記の3つの変数を1つの変数に合成し，銀行との関係の強さを測定する総合的指標を作成する．

　Appendix 2の表A2に，主成分分析の調査結果を要約している．パネルAは全サンプル（上場企業および非上場企業）の記述統計量を示している．主成分分析は，説明変数が互いに相関し，また主成分に対応する各説明変数の係数が得られることを前提とする．第1に，パネルAは予測どおりに，3つの変数が互いに有意な正の相関関係を持つことを示している．第2に，パネルAから，第1主成分は累積寄与率の約74.9％を構成していることが分かる．最後に，第1主成分を決める係数（固有ベクトル）は予測どおりにすべて正である．以上の結果から，主成分分析によって得られる合成指標は企業と銀行の関係の強さを適切に反映していることが分かる．また，同様の結果はパネルB（上場企業）およびパネルC（非上場企業）でも示されている．

3.2　仮説検証のための分析モデル

(1) 仮説1と2の分析モデル

　仮説1を検証するために，以下の分析モデルを用いて限界税率と損失回避の利益調整の関係を調査する．なお，添え字のiは企業，tは期間（事業年度）を表す．

$$LOSSEM_{i,t} = \alpha + \beta_1\, TESTVARIABLE_{i,t} + \beta_2 ASSET_{i,t} + \beta_3 \Delta ASSET_{i,t}$$
$$+ \beta_4 \Delta CFO_{i,t} + \beta_5 WCA_{i,t} + \beta_6 EXT_{i,t} + \beta_7 CYCLE_{i,t} + \beta_8 AGE_{i,t}$$
$$+ \beta_9 ICLAIM_{i,t} + \beta_{10} CEC_{i,t} + Industry\ dummy, \tag{1}$$

ここで，

　$LOSSEM_{i,t}$＝基準化された利益が0以上（0を含む）0.0028未満（0.0028を

含まない）の場合に1, − 0.0028以上（− 0.0028を含む）0未満（0を含
まない）の場合に0をとるダミー変数

$TESTVARIABLE_{i, t} = TAXCOST_{i, t}$: Gramlich et al.（2004）に基づく手法で算
定した限界税率

$ASSET_{i, t}$ ＝総資産の自然対数

$\Delta ASSET_{i, t}$ ＝総資産の変化額を前期末の総資産で割った値

$\Delta CFO_{i, t}$ ＝営業キャッシュ・フローの変化額を前期末の総資産で割った値

$WCA_{i, t}$ ＝運転資本会計発生高を前期末の総資産で割った値

$EXT_{i, t}$ ＝特別項目（特別利益 − 特別損失）を前期末の総資産で割った値

$CYCLE_{i, t}$ ＝営業サイクル（日数）の自然対数

$AGE_{i, t}$ ＝企業年齢の自然対数

$ICLAIM_{i, t}$ ＝主成分分析を用いて算定した，黙示的請求権に対する依存度

$CEC_{i, t}$ ＝役員報酬の変化額（すべての取締役に支払われる現金給与およ
びボーナスの総額）を当期純利益の変化額で割った値

Industry dummy ＝産業ダミー変数

　多くの先行研究にもとづき，本研究は損失回避の利益調整を捉えるため
に，わずかに正もしくは負の利益を報告している企業に着目する（Beatty et
al. 2002; Leuz et al. 2003; Burgstahler et al. 2006）．利益分布アプローチの分析
結果は，当期純利益がゼロをわずかに上回る企業が損失回避の利益調整を
行っていることを示唆していた．したがって，総資産額で基準化した当期純
利益のヒストグラムにおいて，ゼロ近傍の2つの区間に注目する．すなわち，
①− 0.0028以上（− 0.0028を含む）0未満（0を含まない）と②0以上（0を含む）
0.0028未満（0.0028を含まない）の2つの区間である．これは当期純利益の
ヒストグラムについて，ゼロ以上の2階級幅，ゼロ未満の2階級幅に該当す
る．階級幅の設定は，客観性を保つために，先行研究で用いられている公式
に基づき計算している（Degeorge et al. 1999; Beatty et al. 2002）[10]．この計算式に

---

[10] 具体的には，Freedman and Diaconis（1981）の公式に基づき，変数の四分位範囲の2
倍にサンプル・サイズの負の1/3乗をかけたものを階級幅としている．

従った結果，ヒストグラムの階級幅は0.0014となった[11]．Beatty et al.（2002）の手順に基づき，ヒストグラムに適用される階級幅の2区間を，わずかに正もしくは負の利益を報告している企業と定義し，分析対象としている[12]．

　回帰モデル（1）において，*TESTVARIABLE*（*TAXCOST*）の係数は租税回避のインセンティブとゼロ付近の利益分布の不規則性の関連性を示す．仮説1が支持されるならば，*TAXCOST*の係数は有意な正の値となるはずである．さらに，先行研究の結果に基づき，利益分布の不規則性を説明するコントロール変数を用いる．具体的には，Beatty et al.（2002）のモデルに基づき，企業規模（*ASSET*），成長性（Δ*ASSET*），および収益性（Δ*CFO*）をコントロールする．高成長企業および大企業が損失回避のための利益調整を行う可能性が高い場合，Δ*ASSET*および*ASSET*の係数は正となることが予想される．また，収益性が高い企業は，わずかに負の利益よりも，わずかに正の利益を報告する可能性が高いと考えられる．したがって，Δ*CFO*の係数は正になることを予測する．

　運転資本会計発生高（*WCA*）および特別損益項目（*EXT*）は，裁量的な会計選択の影響をコントロールするためにモデルに含めている．運転資本会計発生高および特別損益項目は，損失回避のための利益調整に用いられやすいため，これらの変数の係数は正となることが予想される．Burgstahler et al.（2006）によると，営業サイクル日数（*CYCLE*）および設立からの年数（*AGE*）は，利益調整の水準および上場企業と非上場企業の利益調整の違いに関連するため，コントロール変数として必要だと主張される．最後に，役員報酬と利益の関連性（*CEC*）は，経営者のインセンティブ報酬の影響をコントロールするためにモデルに含めている．これらの変数は利益調整と正の

---

[11] ここでの階級幅の計算結果は四捨五入により，小数点第4位までで表されている．上記の計算式によって算定された値は0.00137957であり，これを小数点第4位まで四捨五入したのが0.0014である．

[12] 階級幅を1区間，または3区間で設定した分析も行ったが，本研究の結果に影響を与えなかった．

相関をもつと予想する.

　最後に，利害関係者による黙示的請求権（*ICLAIM*）をコントロールする．先行研究において，黙示的請求権への依存度が高い企業の方が，利益目標値を達成するという経営者のインセンティブが大きくなることが主張されているためである（Bowen et al. 1995; Matsumoto 2002）．*ICLAIM* の係数は正となることが予想される[13].

　続いて，仮説2を検証するために，企業と銀行の関係の強さが利益分布の不規則性に与える影響を調査する．以下の変数 *FIN* を（1）式の *TESTVARIABLE* に挿入して分析を行う．

　　FIN = 主成分分析を用いて算定した，企業と銀行の関係の強さ

　（1）式において，*FIN* と *LOSEM* の関係が仮説2の予測と整合する場合，*FIN* の係数は正となることが予想される．

（2）仮説3と4の分析モデル

　仮説3と4の検証を行う前に，分析の前提を確認するため，上場企業と非上場企業の損失回避傾向の違いについて調査する．具体的には，（1）式において，*PRIVATE* を *TESTVARIABLE* として検証する．

　　PRIVATE = 企業が上場していない場合に1をとり，上場している場合に
　　　　　　　　　0を取るダミー変数

　第2節の仮説展開において，非上場企業は，上場企業よりわずかに正の利益を報告するインセンティブが大きくなることを仮定した．まずはこの仮定を *PRIVATE* の係数に着目して確認する．この予想に基づくと，*PRIVATE* の

---

[13] Matsumoto（2002）の手法に従い，*ICLAIM* を測定するために主成分分析を実施した．具体的には，黙示的請求権を示す3つの変数（耐久財産業か否かを示すダミー変数，研究開発費，および労働集約度）に着目し，後述する *FIN* の計算手法と同様にこれらの変数を1つの指標に合成した．詳細な定義および記述統計は Appendix 3 の表A3に記載している．

係数は正となるはずである．

　仮説3と4の検証のために，上場企業か非上場企業かの相違が，制度的特徴（租税回避のインセンティブと銀行への依存関係）と損失回避行動の関係に与える影響について調査する．仮説を検証するために，(1) 式に *PRIVATE* と *TAXCOST* (*FIN*) の交差項を加えた以下の回帰モデル (2) と (3) を設定する．

$$LOSSEM_{i,t} = \alpha + \beta_1 TAXCOST_{i,t} + \beta_2 PRIVATE^* TAXCOST_{i,t} + \beta_3 ASSET_{i,t}$$
$$+ \beta_4 \Delta ASSET_{i,t} + \beta_5 \Delta CFO_{i,t} + \beta_6 WCA_{i,t} + \beta_7 EXT_{i,t}$$
$$+ \beta_8 CYCLE_{i,t} + \beta_9 AGE_{i,t} + \beta_{10} ICLAIM_{i,t} + \beta_{11} CEC_{i,t}$$
$$+ Industry\ dummy \tag{2}$$

$$LOSSEM_{i,t} = \alpha + \beta_1 FIN_{i,t} + \beta_2 PRIVATE^* FIN_{i,t} + \beta_3 ASSET_{i,t}$$
$$+ \beta_4 \Delta ASSET_{i,t} + \beta_5 \Delta CFO_{i,t} + \beta_6 WCA_{i,t} + \beta_7 EXT_{i,t}$$
$$+ \beta_8 CYCLE_{i,t} + \beta_9 AGE_{i,t} + \beta_{10} ICLAIM_{i,t} + \beta_{11} CEC_{i,t}$$
$$+ Industry\ dummy \tag{3}$$

　仮説3と4は，上記の制度的特徴による損失回避のインセンティブが非上場企業においてより大きくなることを予測する．したがって，これらの交差項の係数の予測符号は正となる[14]．

4. サンプル選択と記述統計

4.1　サンプル選択

　サンプル選択の手順は表2-1に要約している．本研究のサンプルは，1979年から2007年までの上場企業および非上場企業から金融およびその他金融業に属する企業を除いたものである．本研究が対象とする上場企業は，日本における8つの証券取引所のうち少なくとも1つに上場している企業，または店頭取引で取引されている企業として定義される．また非上場企業は，日

---

[14] 本分析の目的は，*LOSSEM* と *TAXCOST* (*FIN*) の関係に，*PRIVATE* が与える影響を調査することである．そのため，単独の変数として *PRIVATE* を含めていない．*PRIVATE* を追加した回帰モデルも推定したが，主要な結果に変化は見られなかった．

表2-1　サンプル選択

選択基準	企業–年度	
	上場企業[1]	非上場企業[2]
1981から2007年の財務データがデータ・ベースから取得可能な企業・年度[3].	60,035	38,333
以下を除外：		
分析期間に会計期間を変更している	(3,640)	(3,534)
資産または紙資産の帳簿価額が負の企業・年度	(125)	(1,454)
最終的な観測値数	56,270	33,345

注) 分析に必要な財務諸表データ，経営者の株式保有データ，株価データは日経 *NEEDS Financial QUEST* から入手している．産業は日経業種中分類コードに基づく．財務諸表データは，個別諸表に基づいている．
[1] 上場企業とは，日本の8つの証券取引所の少なくとも1つに上場している企業，または店頭市場で取引されている企業と定義される．8つの証券取引所は，東京，大阪，名古屋，札幌，新潟，京都，広島，および福岡である．
[2] 非上場企業とは，日本の8つの証券取引所，または店頭市場のいずれにおいても取引されていない企業であり，以下のいずれかの要件を満たす企業：(1) 直近事業年度末の貸借対照表における資本金額が5億円以上，または (2) 直近事業年度末の貸借対照表における負債総額が200億円以上．
[3] 金融機関（銀行，証券会社，および保険会社）および，その他の金融機関（信用会社およびリース会社）を除外する．

本の証券取引所または店頭取引のいずれにも取引されていない企業として定義される．また本研究が対象とする非上場企業は，上場企業と比較を容易にするため，有価証券報告書を提出している会社および会社法上の「大会社」を対象とする．大会社の具体的な定義は，(1) 直近の事業年度末の貸借対照表の資本金額が5億円以上，または (2) 直近の事業年度末の貸借対照表の負債総額が200億円以上，といういずれかの要件を満たす必要がある（会社法第2条第6号）．

　日本の会社法では，会社の規模等にかかわらず，株式会社の会計は「一般に公正妥当と認められる企業会計の慣行」に従って財務諸表を作成することが義務付けられている（会社法第431条）[15]．さらに上記の要件に該当する大

[15] また，会社計算規則では，「一般に公正妥当と認められる企業会計の基準その他の企業会計の慣行」をしん酌しなければならないとされている（会社計算規則第3条）．

会社については，他の会社とは異なる取扱いを設けており，金融商品取引法の適用対象とならない会社法上の大会社についても，実態上，上場会社と同一の会計基準が用いられてきている（企業会計基準委員会2010）．実際のところ，本研究のサンプルのほとんどは，上場企業の会計基準に従って財務諸表を作成していた[16]．したがって，本サンプルにおいては，会計基準の相違によるバイアスが生じることはなく，上場企業と非上場企業の財務データの比較が可能となっている．

　なお，本研究の主要な関心の1つは，経営者の租税回避インセンティブに関するものである．課税所得は一般に個別財務諸表ベースの会計利益をもとに計算されるため，個別財務諸表の財務データを用いる．財務データはNikkei NEEDS Financial QUESTから入手した．

　表2-1で示しているとおり，本研究の最初のサンプルは，1979年から2007年までの98,368観測値（上場企業60,035観測値と非上場企業38,333観測値）である[17]．このサンプルから，会計期間を変更した企業をサンプルから削除した．その結果，56,395（上場企業），および34,799（非上場企業）が観測値として残った．最後に，資産または純資産の帳簿価額が負の企業を除外した．最終的なサンプルは，56,270観測値の上場企業，および33,345観測値の非上場企業となる．

---

[16] 企業会計基準委員会（2010）では，『会社法上の大会社について上場会社と同一の会計基準が用いられているのは，会社法上の大会社は，株主及び債権者等の保護の観点から計算書類等の適正性を担保する必要性が大きいために，公認会計士等を「会計監査人」として選任し，計算書類及びその附属明細書，臨時計算書類並びに連結計算書類について会計監査人の会計監査を受けることが義務付けられている（会社法第328条，第337条第1項，第396条第1項）ことがその背景にあると考えられる』と述べられている．

[17] ここでサンプルを1979年から2007年の観測値に絞るのは，本研究で使用するデータベースに2008年1月以降の非上場企業のデータが含まれていないからである．

4.2　記述統計

　表 2-2 には，利益分布アプローチに利用する当期純利益の記述統計量を示している．表を見ると，一般に，上場企業は非上場企業よりも収益性が高いことが分かる．サンプル期間における上場企業の当期純利益の平均は 0.022 だが，非上場企業の当期純利益平均は 0.013 である．表 2-3 は，仮説検証のための回帰分析に利用するサンプル（わずかに正の利益または損失を報告している企業）の変数の記述統計をまとめたものである．ダミー変数である *LOSSEM* が 0.880 ということは，観測値の 88 ％が正の利益を報告していることを意味する．わずかな正の利益を報告する企業の割合が極端に高いという傾向は先行研究の発見事項と整合する．

　さらに表は，*PRIVATE* は 0.643 であることを示している．これはサンプル企業の 64.3 ％が非上場企業であることを意味する．表 2-1 を再確認すると，最初のサンプルにおける非上場企業の比率はわずか 38％だった（全サンプルは 98,688 社に対して，非上場企業は 38,333 社）．これは利益がわずかに正であるサブ・サンプルには，非上場企業が含まれる割合が全サンプルよりも大きく上昇していることを意味する．と同時に，非上場企業では会計利益がゼロ付近に集中していることが示唆される．

　表 2-4 には，回帰モデルで使用する変数間の相関係数を示している．表の右上の部分はスピアマン順位相関を示し，左下はピアソン相関を示す．2 つの相関分析で，*TAXCOST* と *FIN* の両方が *LOSSEM* と有意かつ正の相関関係にあることが確認できる．この結果は，仮説で述べたように，租税回避のインセンティブと企業の銀行依存度がそれぞれ増加するにつれて，損失回避のための利益調整が増加することを示唆している．

表 2-2　当期純利益の記述統計量

パネル A. 上場企業の当期純利益

年度	平均	標準偏差	第1四分位	中央値	第3四分位	N
1981	0.033	0.035	0.012	0.027	0.049	1,472
1982	0.032	0.040	0.010	0.024	0.046	1,464
1983	0.026	0.034	0.009	0.021	0.040	1,419
1984	0.029	0.041	0.010	0.023	0.042	1,481
1985	0.030	0.039	0.011	0.024	0.043	1,524
1986	0.025	0.036	0.009	0.020	0.039	1,563
1987	0.025	0.034	0.009	0.021	0.037	1,548
1988	0.031	0.033	0.013	0.026	0.043	1,484
1989	0.036	0.036	0.017	0.029	0.046	1,430
1990	0.035	0.034	0.017	0.029	0.046	1,464
1991	0.034	0.049	0.015	0.028	0.045	1,619
1992	0.025	0.034	0.010	0.021	0.036	1,801
1993	0.018	0.032	0.006	0.015	0.031	1,912
1994	0.015	0.033	0.005	0.014	0.029	2,021
1995	0.016	0.033	0.005	0.015	0.030	2,096
1996	0.020	0.033	0.008	0.017	0.033	2,159
1997	0.020	0.043	0.008	0.018	0.033	2,235
1998	0.016	0.040	0.005	0.015	0.030	2,307
1999	0.009	0.049	0.001	0.011	0.026	2,355
2000	0.012	0.096	0.003	0.013	0.032	2,423
2001	0.013	0.094	0.000	0.013	0.033	2,557
2002	0.007	0.064	− 0.008	0.009	0.027	2,658
2003	0.013	0.065	0.002	0.013	0.032	2,777
2004	0.026	0.073	0.008	0.021	0.044	2,905
2005	0.028	0.138	0.010	0.025	0.049	3,045
2006	0.030	0.087	0.010	0.028	0.055	3,200
2007	0.028	0.091	0.011	0.027	0.055	3,351
合計	0.022	0.066	0.007	0.020	0.039	56,270

パネル B. 非上場企業の当期純利益

年度	平均	標準偏差	第1四分位	中央値	第3四分位	N
1981	0.021	0.043	0.003	0.011	0.032	949
1982	0.018	0.042	0.002	0.010	0.029	987
1983	0.017	0.044	0.002	0.011	0.028	1,007
1984	0.020	0.040	0.002	0.011	0.029	1,041
1985	0.018	0.038	0.003	0.012	0.031	1,063
1986	0.017	0.046	0.002	0.010	0.028	1,081
1987	0.017	0.041	0.002	0.011	0.028	1,084
1988	0.020	0.038	0.004	0.014	0.032	1,088
1989	0.025	0.038	0.005	0.016	0.036	1,130
1990	0.026	0.045	0.004	0.015	0.037	1,195
1991	0.027	0.141	0.003	0.014	0.036	1,343
1992	0.018	0.045	0.002	0.012	0.029	1,432
1993	0.011	0.041	0.001	0.007	0.023	1,466
1994	0.009	0.046	0.000	0.006	0.021	1,467
1995	0.008	0.042	0.001	0.007	0.020	1,441
1996	0.011	0.033	0.001	0.007	0.021	1,423
1997	0.013	0.090	0.002	0.008	0.021	1,412
1998	0.007	0.057	0.001	0.006	0.018	1,390
1999	0.002	0.043	0.000	0.004	0.015	1,387
2000	0.004	0.053	0.000	0.005	0.019	1,345
2001	0.002	0.050	− 0.007	0.005	0.019	1,331
2002	0.003	0.070	− 0.003	0.005	0.019	1,343
2003	0.004	0.066	− 0.001	0.006	0.020	1,310
2004	0.012	0.064	0.002	0.010	0.025	1,264
2005	0.010	0.095	0.002	0.012	0.031	1,201
2006	0.007	0.088	0.001	0.013	0.032	1,145
2007	0.024	0.375	0.003	0.013	0.031	1,020
合計	0.013	0.089	0.001	0.009	0.026	33,345

注）当期純利益は前年度末の総資産で基準化している.

表2-3　変数の記述統計量

	平均	最小値	中央値	最大値	標準偏差	歪度	尖度	N
$LOSSEM_{i,t}$	0.880	0.000	1.000	1.000	0.325	−2.333	6.445	6,937
$PRIVATE_{i,t}$	0.643	0.000	1.000	1.000	0.479	−0.596	1.355	6,937
$TAXCOST_{i,t}$	0.724	0.000	1.000	1.000	0.447	−1.005	2.010	6,889
$FIN_{i,t}$	1.004	−2.974	0.944	3.995	1.606	−0.130	2.553	6,550
$ASSET_{i,t}$	10.419	6.449	10.336	14.740	1.494	0.288	3.451	6,937
$\Delta ASSET_{i,t}$	0.010	−0.364	−0.007	0.985	0.121	2.125	12.225	6,937
$\Delta CFO_{i,t}$	0.000	−0.459	0.000	0.399	0.089	−0.092	5.850	6,937
$WCA_{i,t}$	0.006	−0.236	0.001	0.355	0.062	0.832	7.707	6,937
$EXT_{i,t}$	−0.003	−0.162	−0.001	0.099	0.013	−0.506	22.992	6,937
$CYCLE_{i,t}$	4.690	0.841	4.892	6.987	1.147	−0.928	4.291	6,937
$AGE_{i,t}$	3.665	1.946	3.761	4.663	0.513	−0.783	3.355	6,937
$ICLAIM_{i,t}$	−0.231	−2.835	−0.180	3.358	1.085	−0.191	2.835	6,937
$CEC_{i,t}$	0.019	−3.500	0.000	3.833	0.519	0.138	20.828	6,937

注) 変数の定義は以下のとおりである.
$LOSSEM_{i,t}$＝基準化された利益が0以上（0を含む）0.0028未満（0.0028を含まない）の場合に1，−0.0028以上（−0.0028を含む）0未満（0を含まない）の場合に0をとるダミー変数
$PRIVATE_{i,t}$＝非上場企業の場合に1，それ以外で0をとるダミー変数
$TAXCOST_{i,t}$＝Gramlich et al.（2004）に基づき限界税率が正である企業で1，それ以外で0をとるダミー変数．Appendixも参照
$FIN_{i,t}$＝主成分分析を用いて算定した，企業と銀行の関係の強さ．Appendixも参照
$ASSET_{i,t}$＝総資産の自然対数
$\Delta ASSET_{i,t}$＝総資産の変化額を前期末の総資産で割った値
$\Delta CFO_{i,t}$＝キャッシュ・フローの変化額を前期末の総資産で割った値
$WCA_{i,t}$＝運転資本会計発生高（（Δ流動資産−Δ現金及び現金同等物）−（Δ流動負債−Δ資金調達項目）を前期末の総資産で割ったもの）
$EXT_{i,t}$＝特別項目（特別利益−特別損失）を前期末の総資産で割ったもの
$CYCLE_{i,t}$＝営業サイクル日数の自然対数．営業サイクルは，（売掛金の年間平均）/（収益総額/360）＋（棚卸資産の年間平均）/（売上原価/360）によって計算される．売上原価が報告されていない場合は，収益総額から営業利益を引いた値を代わりに用いる.
$AGE_{i,t}$＝企業年齢の自然対数．企業の年齢は実質設立年から当年までの年数.
$ICLAIM_{i,t}$＝主成分分析で算定される，黙示的請求権への依存度．Appendixも参照
$CEC_{i,t}$＝役員報酬の変化額（すべての取締役に支払われる現金給与およびボーナスの総額）を当期純利益で割った値
すべての変数の上位および下位1%の外れ値は閾値に置き換える.

表 2-4 変数の相関係数

	$LOSSEM_{i,t}$	$PRIVATE_{i,t}$	$TAXCOST_{i,t}$	$FIN_{i,t}$	$ASSET_{i,t}$	$\Delta ASSET_{i,t}$	$\Delta CFO_{i,t}$	$WCA_{i,t}$	$EXT_{i,t}$	$CYCLE_{i,t}$	$AGE_{i,t}$	$ICLAIM_{i,t}$	$CEC_{i,t}$
$LOSSEM_{i,t}$	1.00	0.04***	0.30***	0.06***	0.09***	0.06***	0.01	0.01	0.03**	0.03**	-0.01	0.02*	0.01
$PRIVATE_{i,t}$	0.04***	1.00	0.16***	0.29***	-0.09***	0.07***	0.01	0.03***	0.17***	-0.15***	-0.34***	-0.33***	-0.01
$TAXCOST_{i,t}$	0.30***	0.16***	1.00	0.05***	0.06***	0.12***	0.02*	0.09***	0.09***	-0.03**	-0.14***	-0.06***	0.14***
$FIN_{i,t}$	0.06***	0.27***	0.05***	1.00	0.23***	0.13***	0.01	0.04***	0.09***	0.13***	-0.19***	-0.31***	-0.03**
$ASSET_{i,t}$	0.09***	-0.13***	0.05***	0.26***	1.00	0.02*	0.01	-0.02*	-0.07***	0.27***	0.06***	0.11***	0.03**
$\Delta ASSET_{i,t}$	0.06***	0.09***	0.12***	0.19***	0.04***	1.00	-0.05***	0.27***	0.06*	0.00	-0.08***	-0.03**	-0.01
$\Delta CFO_{i,t}$	0.01	0.00	0.03**	0.00	0.00	-0.13***	1.00	-0.59***	-0.02*	0.02*	-0.02	-0.01	0.01
$WCA_{i,t}$	0.02*	0.05***	0.09***	0.10***	0.02	0.39***	-0.63***	1.00	0.07***	0.00	-0.05***	0.01	0.03**
$EXT_{i,t}$	0.01	0.12***	0.03**	0.09***	-0.06***	0.02*	-0.06***	0.04***	1.00	-0.03*	-0.13***	-0.11***	0.01
$CYCLE_{i,t}$	0.04***	0.12***	0.03**	0.15***	0.28***	0.03**	0.01	0.04***	-0.03*	1.00	0.07***	0.49***	0.04***
$AGE_{i,t}$	-0.01	-0.15***	-0.02	-0.17***	0.06***	-0.11***	-0.01	-0.09***	-0.04***	0.12***	1.00	0.25***	0.03**
$ICLAIM_{i,t}$	0.03**	-0.32***	-0.13***	-0.29***	0.11***	-0.04***	-0.02	0.00	-0.08***	0.48***	0.28***	1.00	0.04***
$CEC_{i,t}$	0.02	-0.34***	-0.06***	0.00	0.00	0.01	0.00	0.01	0.01	0.04***	0.02	0.02*	1.00

注）変数の定義は以下のとおりである。

$LOSSEM_{i,t}$ = 基準化された利益が0以上（0を含む）0.0028未満（0.0028を含まない）の場合に1、-0.0028以上（-0.0028を含む）0未満（0を含まない）の場合に0をとるダミー変数

$PRIVATE_{i,t}$ = 非上場企業の場合に1、それ以外で0をとるダミー変数

$TAXCOST_{i,t}$ = Gramlich et al. (2004) に基づき限界税率が正である企業で1、それ以外で0をとるダミー変数。Appendix も参照

$FIN_{i,t}$ 主成分分析を用いて算定した、企業と銀行の関係の強さ。Appendix も参照

$ASSET_{i,t}$ = 総資産の自然対数

$\Delta ASSET_{i,t}$ = 総資産の変化額を前期末の総資産で割った値

$\Delta CFO_{i,t}$ = キャッシュ・フローの変化額を前期末の総資産で割った値

$WCA_{i,t}$ = 運転資本会計発生高（(Δ流動資産 - Δ現金及び現金同等物) - (Δ流動負債 - Δ資金調達項目) を前期末の総資産で割ったもの

$EXT_{i,t}$ = 特別項目（特別利益 - 特別損失）を前期末の総資産で割ったもの

$CYCLE_{i,t}$ = 営業サイクル日数の自然対数。営業サイクル＝（売掛金の年間平均）/（収益総額360）+（棚卸資産の年間平均）/（売上原価360）によって計算される。売上原価が報告されていない場合は、収益総額から営業利益を引いた値を代わりに用いる。

$AGE_{i,t}$ = 企業年齢の自然対数。企業の年齢は実質設立年から当年までの年数。

$ICLAIM_{i,t}$ = 主成分分析を用いて算定される、黙示的請求権への依存度。Appendix も参照

$CEC_{i,t}$ = 役員報酬の変化額 すべての取締役および執行役員に支払われる現金給与およびボーナスの総額を当期純利益で割った値。この変数の上位および下位1%の外れ値は閾値に置き換える。

*** 両側 t 検定において 1％水準で有意

** 両側 t 検定において 5％水準で有意

* 両側 t 検定において 10％水準で有意

5. 結果

5.1 予備的分析

まずは，予備的検証として，先行研究で確認されている日本企業の損失回避の利益調整について，本研究のサンプルでも同様の傾向が確認できるかを観察する．図2-3には，上場企業（パネルA）と非上場企業（パネルB）について，総資産額で基準化した当期純利益の分布を示している．図を見ると，両パネルにおいて，当期純利益のゼロ付近での顕著な不規則性が確認できる．これらの結果は，先行研究の発見事項と一致する結果であり，上場企業と非上場企業の両方において，日本企業の経営者は強い損失回避のインセンティブを有することを示唆している．

表2-5は，分布における標準化差異および利益調整比率（EM比率）を示している．標準化差異は，Burgstahler and Dichev（1997）によって提案された，利益分布のゼロ付近の不規則性を統計的に検証する方法である[18]．またEM比率とは，ゼロの右側に隣接する階級に含まれる観測値数を，ゼロの左側に隣接する階級に含まれる観測値数で割り算した値である（Beatty et al. 2002; Dechow et al. 2003; Brown and Caylor 2005）．上場企業と非上場企業の間の，利益分布のゼロ付近における不規則性の程度の差を測定するのに用いる．

表は，図2-3の2つのパネルにおいて，利益がゼロに隣接する2つの階級において，標準化差異の値が統計的に有意であることを示しており，会計利益の分布がゼロ付近で不規則であることを意味する．さらに上場企業と非上場企業の利益調整の程度の差を検証するために，EM比率の結果に注目する．上場企業（パネルA）のEM比率が7.190であるのに対し，非上場企業（パネルB）のEM比率は9.023である．EM比率のカイ2乗検定を行った結果，両者には有意な差が確認できた．これらの結果は，（1）日本の上場企業と非上

---

[18] 標準化差異は，ある階級に含まれる実際の観測値の数と予想される観測値の数の差分を，その差分の標準誤差推定値で割ったものである．ある観測値が階級iに含まれる確率をpと表すと，階級iの実際の観測値数と予想される観測値数の差分の分散は概ね$Np_i(1-p_i) + (1/4)N(p_{i-1} + p_{i+1})(1 - p_{i-1} - p_{i+1})$となる．

図2-3 基準化された年間利益の分布

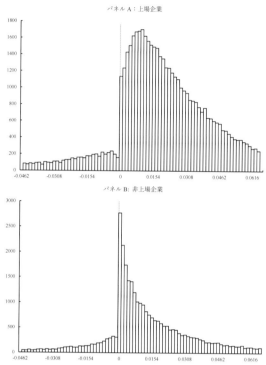

注) 階級幅は0.0014であり，横軸上のゼロの位置は点線で示している．ゼロより右の
隣接する階級には空間 [0.0000, 0.0014) に含まれる観測値，その次の階級には空間
[0.0014, 0.0028) に含まれる観測値が示されている．

場企業の経営者は，両者ともに損失回避の利益調整を行っている，（2）利益
調整の程度は，非上場企業が上場企業よりも大きいことを示唆している．

　最後の予備的分析として，減益回避の利益調整を検証するために利益変化
額の分布を確認する．減益回避の利益調整に注目する理由は，減益を回避す
る経営者の動機は，主に資本市場のプレッシャーから生じると想定されるた
めである（Coppens and Peek 2005）．実際に，Coppens and Peek（2005）は，減
益回避の利益調整の原因が資本市場からの圧力であることを示している．非
上場企業は，資本市場からの圧力に起因する利益調整インセンティブを有し

表2-5　標準化差異とEM比率の検証結果

パネルA: 標準化差異

	分析対象階級の標準化差異		それ以外の階級の標準化差異[4]			
	ゼロより左側の標準化差異[2]	ゼロより右側の標準化差異[3]	平均	中央値	最小値	最大値
図2-3パネルA	−23.206***	11.523***	0.030	−0.019	−2.495	2.529
図2-3パネルB	−39.270***	27.792***	−0.114	−0.212	−3.19	2.235
図2-4パネルA	−15.343***	17.816***	−0.076	−0.221	−4.741	3.790
図2-4パネルB	−3.782***	18.655***	−0.273	−0.097	−10.647	1.935

パネルB: EM比率

	EM比率	χ^2-value[5]	
図2-3パネルA	7.190	4.778**	(図2-3パネルA vs 図2-3パネルB)
図2-3パネルB	9.023		
図2-4パネルA	2.009	36.126***	(図2-4パネルA vs 図2-4パネルB)
図2-4パネルB	1.517		

注)
[1] 標準化差異とは，ある階級に含まれる企業・年度の予測数と実際の数の差分で，当該差分の標準偏差推定値によって基準化される．
[2] ゼロと左に隣接する階級の標準化差異は，減益（損失）回避のための利益調整のより有力な検証方法で，主要な検証結果だと考えられる．負の値は減益（損失）回避のための利益調整の証拠となる．
[3] ゼロと右に隣接する階級の標準化差異は，減益（損失）回避のための利益調整の検証方法として比較的に弱い．正の値は減益（損失）回避のための利益調整の証拠となる．
[4] ここでの標準化差異計算対象は，各図の81階級の中の77階級を含む．除かれた4階級はそれぞれ，ゼロと隣接する2階級，正の値が最も高い階級と負の値が最も高い階級である．
[5] EM比率の差分のカイ2乗検定量は，一般的な2×2分割表を用いて算出されるものである．
*** 両側t検定において1%水準で有意
** 両側t検定において5%水準で有意

ないため，非上場企業が上場企業より減益回避のための利益調整が少ないことが予想される．

　図2-4の結果はこの予測と一致している．図から読み取れるように，上場企業の利益変化額の分布はゼロ付近で顕著な不規則性が見られるが（パネルA），非上場企業の利益分布の不規則性はそれほど顕著ではない（パネルB）．表2-5の検定結果も，非上場企業のEM比率が上場企業より有意に低いことを示している．この結果は，非上場企業の経営者は上場企業と比べて，減益回避のための利益調整インセンティブが低いこと，および減益回避のための利益調整イ

図2-4 基準化された年間利益変化額の分布

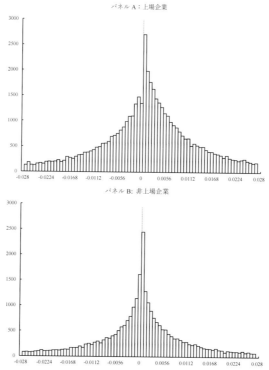

注）階級幅は 0.0007 であり，横軸上のゼロの位置は点線で示している．ゼロより右の隣接する階級には空間 [0.000, 0.0007) に含まれる観測値，その次の階級には空間 [0.0007, 0.0014) に含まれる階級値が表されている．

ンセンティブは資本市場の圧力に起因するものであることを示唆している．

　予備的分析の結果は以下の点で，本研究の仮説の理論的背景，および先行研究の知見と整合的である．第1に，日本企業の当期純利益の水準の分布には，ゼロ付近で顕著な不規則性が存在する．この点は，本研究の前提条件であり，先行研究の結果と一致していることが確認できた（Thomas et al. 2004; Suda and Shuto 2007; Shuto 2009; 首藤 2010）．第2に，非上場企業は上場企業より，利益水準の分布の不規則性が顕著である．損失回避の主要因は租税回避インセンティブおよび銀行との関係維持であり，その影響は上場会社より

も非上場会社で顕著になる，という本研究の仮定と一致する．最後に，当期純利益の変化額の分布の不規則性は，非上場企業の方が上場企業より小さいことが分かった．この結果は，非上場会社は資本市場を意識した利益調整を行わない，という本研究の仮定と首尾一貫したものである．

5.2　分析結果

（1）仮説1と2の検証結果

　仮説1の検証するために，回帰モデル（1）を推計した結果を表2-6に要約している．なお，推計にあたっては，Petersen（2009）に従って企業クラスターおよび年次クラスターに基づいて補正を加えた標準誤差からt検定量を算出している[19]．

　表2-6は，全サンプル，上場企業，および非上場企業のそれぞれの推計結果をまとめたものである．表の3列目の全サンプルの推定結果は，予測どおりに，*TAXCOST*の係数（1.761）が1％水準で有意に正であることを示している．また，上場企業（4列目）と非上場企業（5列目）の回帰モデルの*TAX-COST*の係数も，1％水準で有意に正となっている．これらの結果は仮説1と一致しており，限界税率が上昇するにつれて，利益分布の不規則性が大きくなることを示唆している．言い換えれば，限界税率が高い企業ほど，わずかに正の利益を報告する利益調整を行っていることを示唆している．

　仮説2のモデルの推定結果は表2-7に報告している．表の3列目を見ると，全サンプルの分析において*FIN*が*LOSSEM*と1％水準で有意に正の相関を持

---

[19] Petersen（2009）によると，企業クラスターおよび年次クラスターに基づいて標準誤差に補正を加えることで，時系列相関と分散不均一性の問題を同時にコントロールできる．具体的には，企業クラスターおよび年次クラスターに基づいて補正を加えた頑健標準誤差を使用することで，クロスセクションおよび異時点間依存性をコントロールしてt検定量を調整している．本研究では，以降も同様な推定方法を使用する．クラスター化標準誤差において，現段階で使用している産業ダミー変数をすべて含めることができなければ，少なくとも2つの産業ダミー変数を1つに合成することで，回帰推定を行う．

表2-6　限界税率と損失回避行動に関する分析結果

従属変数	予想される符号	全サンプル LOSSEM_{i, t} 係数 (z値)	上場企業 LOSSEM_{i, t} 係数 (z値)	非上場企業 LOSSEM_{i, t} 係数 (z値)
Constant		-0.954^* (-1.783)	-1.069 (-1.218)	-0.375 (-0.354)
TAXCOST_{i, t}	$+$	1.761^{***} (13.559)	1.270^{***} (8.104)	2.122^{***} (14.298)
ASSET_{i, t}	$-$	0.159^{***} (4.135)	0.176^{***} (3.598)	0.163^{***} (2.658)
ΔASSET_{i, t}	$+$	0.961^* (1.842)	1.450^* (1.746)	0.682 (1.254)
ΔCFO_{i, t}	$+$	0.008 (0.015)	0.347 (0.465)	0.003 (0.004)
WCA_{i, t}	$+$	-0.573 (-0.755)	0.777 (0.507)	-1.202 (-1.077)
EXT_{i, t}	$+$	4.220 (0.947)	11.242^{**} (2.224)	-4.525 (-0.958)
CYCLE_{i, t}	$+$	0.035 (0.699)	0.087 (0.779)	0.033 (0.662)
AGE_{i, t}	$-$	0.139 (1.513)	0.074 (0.396)	0.222^* (1.804)
ICLAIM_{i, t}	$+$	-0.042 (-0.573)	0.109 (0.832)	-0.147 (-1.023)
CEC_{i, t}	$+$	-0.011 (-0.155)	0.068 (0.812)	-0.090 (-0.933)
Industry dummy		Yes	Yes	Yes
Log likelihood		-2017.108	-855.959	-1133.261
McFadden R^2		0.127	0.093	0.167
N		$6,630$	$2,419$	$4,211$

注) 変数の定義は以下のとおりである.
LOSSEM_{i, t}＝基準化された利益が0以上（0を含む）0.0028未満（0.0028を含まない）の場合に1，-0.0028以上（-0.0028を含む）0未満（0を含まない）の場合に0をとるダミー変数
TAXCOST_{i, t}＝Gramlich et al.（2004）に基づき限界税率が正である企業で1，それ以外で0をとるダミー変数.
　Appendix も参照
ASSET_{i, t}＝総資産の自然対数
ΔASSET_{i, t}＝総資産の変化額を前期末の総資産で割った値
ΔCFO_{i, t}＝キャッシュ・フローの変化額を前期末の総資産で割った値
WCA_{i, t}＝運転資本会計発生高（（Δ流動資産－Δ現金及び現金同等物）－（Δ流動負債－Δ資金調達項目）を前期末の総資産で割ったもの）
EXT_{i, t}＝特別項目（特別利益－特別損失）を前期末の総資産で割ったもの
CYCLE_{i, t}＝営業サイクル日数の自然対数. 営業サイクルは，（売掛金の年間平均）/（収益総額/360）＋（棚卸資産の年間平均）/（売上原価/360）によって計算される. 売上原価が報告されていない場合は，収益総額から営業利益を引いた値を代わりに用いる.
AGE_{i, t}＝企業年齢の自然対数. 企業の年齢は実質設立年から当年までの年数.
ICLAIM_{i, t}＝主成分分析で算定される，黙示的請求権への依存度. Appendix も参照
CEC_{i, t}＝役員報酬の変化額（すべての取締役に支払われる現金給与およびボーナスの総額）を当期純利益で割った値
すべての変数の上位および下位1%の外れ値は閾値に置き換える.
z値は，Petersen（2009）に従い，クロスセクションおよび異時点間依存性をコントロールするために，企業クラスターと年次クラスターにおいて補正を加えた頑健標準誤差に基づいて算出する.
*** 両側t検定において1%水準で有意
** 両側t検定において5%水準で有意
* 両側t検定において10%水準で有意

表2-7　銀行との関係と損失回避行動に関する分析結果

従属変数	予想される符号	全サンプル LOSSEM$_{i,t}$ 係数 (z値)	上場企業 LOSSEM$_{i,t}$ 係数 (z値)	非上場企業 LOSSEM$_{i,t}$ 係数 (z値)
Constant		0.962* (1.693)	0.992 (1.072)	1.463 (1.392)
FIN$_{i,t}$	+	0.109*** (3.666)	−0.012 (−0.221)	0.147*** (3.527)
ASSET$_{i,t}$	−	0.151*** (5.462)	0.165*** (3.336)	0.170*** (3.476)
ΔASSET$_{i,t}$	+	1.409** (2.510)	1.788** (2.158)	1.280** (2.159)
ΔCFO$_{i,t}$	+	0.981* (1.784)	1.642** (2.100)	0.772 (1.097)
WCA$_{i,t}$	+	1.164 (1.358)	2.558* (1.672)	0.517 (0.503)
EXT$_{i,t}$	+	2.639 (0.599)	11.084** (2.246)	−4.619 (−1.050)
CYCLE$_{i,t}$	+	−0.026 (−0.512)	−0.013 (−0.142)	−0.027 (−0.482)
AGE$_{i,t}$	−	−0.018 (−0.172)	−0.104 (−0.543)	0.044 (0.304)
ICLAIM$_{i,t}$	+	0.121 (1.540)	0.166 (1.251)	0.064 (0.452)
CEC$_{i,t}$	+	0.077 (1.207)	0.100 (1.288)	0.052 (0.563)
Industry dummy		Yes	Yes	Yes
Log likelihood		−2322.658	−904.121	−1397.133
McFadden R^2		0.038	0.041	0.049
N		6,550	2,404	4,146

注) 変数の定義は以下のとおりである.
LOSSEM$_{i,t}$＝基準化された利益が0以上（0を含む）0.0028未満（0.0028を含まない）の場合に1，−0.0028以上（−0.0028を含む）0未満（0を含まない）の場合に0をとるダミー変数
FIN$_{i,t}$＝主成分分析を用いて算定した，企業と銀行の関係の強さ．Appendix も参照
ASSET$_{i,t}$＝総資産の自然対数
ΔASSET$_{i,t}$＝総資産の変化額を前期末の総資産で割った値
ΔCFO$_{i,t}$＝キャッシュ・フローの変化額を前期末の総資産で割った値
WCA$_{i,t}$＝運転資本会計発生高（（Δ流動資産−Δ現金及び現金同等物）−（Δ流動負債−Δ資金調達項目）を前期末の総資産で割ったもの）
EXT$_{i,t}$＝特別項目（特別利益−特別損失）を前期末の総資産で割ったもの
CYCLE$_{i,t}$＝営業サイクル日数の自然対数．営業サイクルは，（売掛金の年間平均）/（収益総額/360）＋（棚卸資産の年間平均）/（売上原価/360）によって計算される．売上原価が報告されていない場合は，収益総額から営業利益を引いた値を代わりに用いる.
AGE$_{i,t}$＝企業年齢の自然対数，企業の年齢は実質設立年から当年までの年数.
ICLAIM$_{i,t}$＝主成分分析で算定される，黙示的請求権への依存度．Appendix も参照
CEC$_{i,t}$＝役員報酬の変化額（すべての取締役に支払われる現金給与およびボーナスの総額）を当期純利益で割った値
すべての変数の上位および下位1%の外れ値は閾値に置き換える.
z値は，Petersen（2009）に従い，クロスセクションおよび異時点間依存性をコントロールするために，企業クラスターと年次クラスターにおいて補正を加えた頑健標準誤差に基づいて算出する.
*** 両側t検定において1%水準で有意
** 両側t検定において5%水準で有意
* 両側t検定において10%水準で有意

つことが示されており，仮説2と整合的であることが分かる．4列目と5列目では，*FIN*変数の推定結果が上場企業と非上場企業で対照的であることを示している．非上場企業の場合，*FIN*の係数（0.147）は予想どおり1％水準で有意に正となっているが，上場企業の場合，*FIN*の係数（-0.012）は負であり，かつ有意ではない．この結果は本研究の予測と一致しており，非上場企業の経営者が上場企業の経営者より，銀行と良好な関係を維持するインセンティブが強いことが分かる．コントロール変数について，大企業，成長性の高い企業，および収益性が高い企業ほど，わずかに正の利益を報告する傾向が強いことが分かった．

(2) 仮説3と4の検証結果

　仮説3と4の検証を行う前に，表2-8では，上場企業と非上場企業では，損失回避のインセンティブが異なるかを検証した結果を報告している．表は，非上場企業を示す*PRIVATE*の係数（0.243）が有意に正であることを示している．非上場企業が上場企業よりも，わずかに正の利益を報告する傾向が強い．この結果は予備的分析の結果と一致し，本研究の仮定と一致する結果である．

　仮説3と4を検証するための回帰モデルの推定結果は表2-9で要約している．仮説3の回帰分析の結果は，表の3列目で報告されている．仮説3の予測どおりに，*PRIVATE*TAXCOST*の係数（0.603）は1％水準で有意に正である．この結果は，上場企業より非上場企業のほうが，限界税率と損失回避傾向との関連性が強いことを意味する．さらに，表の第4列目は，仮説4の分析結果を示している．仮説の予測と一致して，*PRIVATE*FIN*の係数（0.151）は有意に正となっている．この結果は，非上場企業において，銀行への依存度と損失回避傾向の関係がより強いことを示唆している．

　最後に，2つの交差項を同時にモデルに含めて推定した結果が，表の第5列目である．*PRIVATE*TAXCOST*の係数（0.531）は1％水準で有意に正であるのに対して，*PRIVATE*FIN*の係数（0.038）は正だが，有意でないことが分かる．この結果は，租税回避のインセンティブが非上場企業の損失回避傾向により大きな影響を与えることを示唆している．

表2-8　上場企業と非上場企業の相違に関する分析結果

従属変数	予想される符号	LOSSEM 係数 (z値)
Constant		0.066 (0.117)
$PRIVATE_{i,t}$	+	0.243** (2.114)
$ASSET_{i,t}$	−	0.195*** (6.441)
$\Delta ASSET_{i,t}$	+	1.405*** (2.735)
$\Delta CFO_{i,t}$	+	1.074** (1.994)
$WCA_{i,t}$	+	1.466* (1.752)
$EXT_{i,t}$	+	2.531 (0.629)
$CYCLE_{i,t}$	+	0.020 (0.438)
$AGE_{i,t}$	−	0.050 (0.450)
$ICLAIM_{i,t}$	+	0.045 (0.603)
$CEC_{i,t}$	+	0.072 (1.201)
Industry dummy		Yes
Log likelihood		−2455.037
McFadden R^2		0.037
N		6,937

注) 変数の定義は以下のとおりである.
$LOSSEM_{i,t}$=基準化された利益が0以上（0を含む）0.0028未満（0.0028を含まない）の場合に1, −0.0028以上（−0.0028を含む）0未満（0を含まない）の場合に0をとるダミー変数
$PRIVATE_{i,t}$=非上場企業の場合に1,それ以外で0をとるダミー変数
$ASSET_{i,t}$=総資産の自然対数
$\Delta ASSET_{i,t}$=総資産の変化額を前期末の総資産で割った値
$\Delta CFO_{i,t}$=キャッシュ・フローの変化額を前期末の総資産で割った値
$WCA_{i,t}$=運転資本会計発生高（（Δ流動資産−Δ現金及び現金同等物）−（Δ流動負債−Δ資金調達項目）を前期末の総資産で割ったもの）
$EXT_{i,t}$=特別項目（特別利益−特別損失）を前期末の総資産で割ったもの
$CYCLE_{i,t}$=営業サイクル日数の自然対数. 営業サイクルは，（売掛金の年間平均）/（収益総額/360）＋（棚卸資産の年間平均）/（売上原価/360）によって計算される. 売上原価が報告されていない場合は, 収益総額から営業利益を引いた値を代わりに用いる.
$AGE_{i,t}$=企業年齢の自然対数, 企業の年齢は実質設立年から当年までの年数.
$ICLAIM_{i,t}$=主成分分析で算定される，黙示的請求権への依存度. Appendix も参照
$CEC_{i,t}$=役員報酬の変化額（すべての取締役に支払われる現金給与およびボーナスの総額）を当期純利益で割った値
すべての変数の上位および下位1%の外れ値は閾値に置き換える.
z値は，Petersen（2009）に従い，クロスセクションおよび異時点間依存性をコントロールするために，企業クラスターと年次クラスターにおいて補正を加えた頑健標準誤差に基づいて算出する.
*** 両側t検定において1%水準で有意
** 両側t検定において5%水準で有意
* 両側t検定において10%水準で有意

表2-9 上場企業と非上場企業の相違が制度的特徴と損失回避の関係に与える影響に関する分析結果

従属変数	予想される符号	全サンプル 係数 (z値)	全サンプル 係数 (z値)	全サンプル 係数 (z値)
Constant		−1.053* (−1.890)	1.366** (2.434)	−0.675 (−1.152)
$TAXCOST_{i,t}$	+	1.405*** (9.271)		1.462*** (9.488)
$PRIVATE_{i,t}$*$TAXCOST_{i,t}$	+	0.603*** (4.356)		0.531*** (3.724)
$FIN_{i,t}$	+		−0.014 (−0.235)	0.088 (1.592)
$PRIVATE_{i,t}$*$FIN_{i,t}$	+		0.151*** (2.594)	0.038 (0.709)
$ASSET_{i,t}$	−	0.155*** (3.925)	0.128*** (4.041)	0.128*** (3.611)
$\Delta ASSET_{i,t}$	+	1.018* (1.776)	1.524*** (2.680)	0.866 (1.499)
$\Delta CFO_{i,t}$	+	−0.075 (−0.137)	0.991* (1.779)	−0.171 (−0.311)
$WCA_{i,t}$	+	−0.821 (−1.092)	0.967 (1.184)	−1.028 (−1.307)
$EXT_{i,t}$	+	4.288 (0.975)	5.392 (1.195)	3.482 (0.798)
$CYCLE_{i,t}$	+	0.046 (0.836)	−0.018 (−0.306)	−0.003 (−0.049)
$AGE_{i,t}$	−	0.166 (1.629)	−0.069 (−0.600)	0.180* (1.908)
$ICLAIM_{i,t}$	+	0.004 (0.052)	0.125 (1.555)	0.080 (1.018)
$CEC_{i,t}$	+	−0.018 (−0.245)	0.051 (0.812)	−0.019 (−0.255)
Industry dummy		Yes	Yes	Yes
Log likelihood		−1914.912	−2118.633	−1908.445
McFadden R^2		0.131	0.039	0.134
N		6,282	6,282	6,282

注) 変数の定義は以下のとおりである.
$LOSSEM_{i,t}$＝基準化された利益が0以上 (0を含む) 0.0028未満 (0.0028を含まない) の場合に1, −0.0028以上 (−0.0028を含む) 0未満 (0を含まない) の場合に0をとるダミー変数
$PRIVATE_{i,t}$＝非上場企業の場合に1, それ以外で0をとるダミー変数
$TAXCOST_{i,t}$＝Gramlich et al. (2004) に基づき限界税率が正である企業で1, それ以外で0をとるダミー変数. 付録も参照
$FIN_{i,t}$＝主成分分析を用いて算定した, 企業と銀行の関係の強さ. Appendix も参照
$ASSET_{i,t}$＝総資産の自然対数
$\Delta ASSET_{i,t}$＝総資産の変化額を前期末の総資産で割った値
$\Delta CFO_{i,t}$＝キャッシュ・フローの変化額を前期末の総資産で割った値
$WCA_{i,t}$＝運転資本会計発生高 ((Δ流動資産−Δ現金及び現金同等物)−(Δ流動負債−Δ資金調達項目)) を前期末の総資産で割ったもの)
$EXT_{i,t}$＝特別項目 (特別利益−特別損失) を前期末の総資産で割ったもの
$CYCLE_{i,t}$＝営業サイクル日数の自然対数. 営業サイクルは, (売掛金の年間平均)/(収益総額/360)+(棚卸資産の年間平均)/(売上原価/360) によって計算される. 売上原価が報告されていない場合は, 収益総額から営業利益を引いた値を代わりに用いる.
$AGE_{i,t}$＝企業年齢の自然対数. 企業の年齢は実質設立年から当年までの年数.
$ICLAIM_{i,t}$＝主成分分析で算定される, 黙示的請求権への依存度. 付録も参照
$CEC_{i,t}$＝役員報酬の変化額 (すべての取締役に支払われる現金給与およびボーナスの総額) を当期純利益で割った値
すべての変数の上位および下位1%の外れ値は閾値に置き換える.
z値は, Petersen (2009) に従い, クロスセクションおよび異時点間依存性をコントロールするために, 企業クラスターと年次クラスターにおいて補正を加えた頑健標準誤差に基づいて算出する.
*** 両側t検定において1%水準で有意
** 両側t検定において5%水準で有意
* 両側t検定において10%水準で有意

6.　追加検証

　本節では，本研究が採用した利益分布アプローチの妥当性に関する追加的な検証を行う．いくつかの先行研究は，Burgstahler and Dichev（1997）が提示した利益アプローチの有効性を疑問視している．例えば，Durtschi and Easton（2005, 2009）は，(1) 変数の基準化計算の影響と (2) サンプルにおける選択バイアスの結果，という2つの可能性を指摘している．具体的に，第1に，基準化計算の際のデフレーター（分母になる値）が，利益がわずかに負である企業は，利益がわずかに正である企業より小さくなる可能性を指摘している．このため，基準化後の利益分布のゼロ付近では不規則性が観察される，という指摘である．第2に，先行研究の多くは基準化計算の際に，期首の時価総額をデフレーターとして用いるが，利益が負である企業の多くは期首の時価総額のデータが取れず，選択バイアスが生じるため，その結果として利益分布のゼロ付近で不規則性が生じている可能性がある，と主張される．ただし本研究では，総資産をデフレーターとして使用するため，この問題は生じない．

　(1) の問題を解決するためには，基準化される前の利益を使用して検証する方法が考えられる（Burgstahler and Chuk 2013; Jacob and Jorgensen 2007）．本研究は，この問題に対処するために，基準化前の利益に基づく検証を行ったBurgstahlernd and Chuk（2013）の研究手法を採用する．基準化前の利益を使用することで，Durtschi and Easton（2005, 2009）が指摘した問題を解決することができるが，新たな分析上の問題も生じる．それは (1) 企業規模と利益の強い相関関係と (2) 企業規模の違いによる利益調整の変化が反映されない，という問題である．Burgstahler and Chuk（2013）の手法はこれらの問題にも対処している．具体的には，企業規模に応じてサンプルを分割し，また利益調整と企業規模との関連性に応じて階級値を調整した上で，基準化前の利益の分布を調べる，という手法を取っている[20]．

---

[20]　Durtschi and Easton（2005, 2009）は，基準化される前の利益分布に有意な不連続性が存在しないことを報告している．Burgstahler and Chuk（2013）は，自分たちの分析結果の提示を行ったうえで，Durtschi and Easton（2005, 2009）の結果はリサーチ・デ

本研究では以下のような分析手順を取る．第1に，Burgstahler and Chuk（2013）に従って，サンプルを企業規模，つまり総資産に応じて四分位に分割する．第2に，企業規模で分類した4つのサブ・サンプルについて，総資産の中央値の約0.25％に相当する値を階級幅として設定する．第3に，メインの分析で使用した*LOSSEM*の代わりに，*USLOSSEM*という変数を使用する．*USLOSSEM*は，企業の基準化前利益が各ヒストグラムにおいて利益がゼロ以上の最初の階級に含まれる場合に1を，ゼロより下の最初の階級に含まれる場合に0を取るダミー変数である．最後に，表2-6，2-7および2-9における主要な検証を，*USLOSSEM*を用いて再分析する．

　表2-10に，限界税率（銀行との関係）と損失回避との関係に関する分析結果をまとめている．*TAXCOST*（*FIN*）の係数である1.764（0.086）は，1％水準で有意に正であり，仮説1と2の予測と一致している．表2-11は，上場企業か非上場企業かの相違が，制度的要因とわずかに正の利益を報告する傾向との関係に与える影響（表2-9の検証を*USLOSSEM*を用いて再度行った結果）を示している．結果は仮説3および4の予測と整合的であり，*PRIVATE*TAXCOST*（*PRIVATE*FIN*）の係数0.620（0.185）は1％水準で有意に正となっている．したがって，異なる利益分布アプローチを用いた追加検証でも本研究の結果は維持されることが分かる．

ザインの問題に起因する間違いだと指摘している．また，Burgstahler and Chuk（2013）は，将来の研究が本研究のように引き続き基準化された利益を使用すべきと主張している．

表 2-10　代替的な利益分布アプローチの分析結果 (1)

従属変数	予想される符号	全サンプル USLOSSEM_{i, t} 係数 (z値)	全サンプル USLOSSEM_{i, t} 係数 (z値)
Constant		-0.862^* (-1.655)	0.450 (0.805)
TAXCOST_{i, t}	+	1.764^{***} (12.465)	
FIN_{i, t}	+		0.086^{***} (2.577)
ASSET_{i, t}	−	0.198^{***} (5.192)	0.217^{***} (6.960)
ΔASSET_{i, t}	+	0.545 (1.060)	1.111^* (1.775)
ΔCFO_{i, t}	+	0.266 (0.373)	0.883 (1.387)
WCA_{i, t}	+	-0.836 (-0.841)	1.004 (0.888)
EXT_{i, t}	+	4.096 (0.984)	2.663 (0.656)
CYCLE_{i, t}	+	0.023 (0.511)	-0.044 (-0.892)
AGE_{i, t}	−	0.073 (0.640)	0.023 (0.185)
ICLAIM_{i, t}	+	0.038 (0.505)	0.120 (1.605)
CEC_{i, t}	+	-0.024 (-0.349)	0.068 (1.135)
Industry dummy		Yes	Yes
Log likelihood		-1825.791	-2152.473
McFadden R^2		0.130	0.047
N		5,985	5,961

注) 変数の定義は以下のとおりである.

USLOSSEM_{i, t} = 企業の基準化前利益がゼロより上の隣接する階級に含まれる場合に 1, ゼロより下の隣接する階級に含まれる場合に 0 をとるダミー変数. ヒストグラム (前年度末総資産額に基づいて 4 分位に分割) に基づいて算出される. 併せて第 6 節を参照.

TAXCOST_{i, t} = Gramlich et al. (2004) に基づき限界税率が正である企業で 1, それ以外で 0 をとるダミー変数. Appendix も参照

ASSET_{i, t} = 総資産の自然対数

ΔASSET_{i, t} = 総資産の変化額を前期末の総資産で割った値

ΔCFO_{i, t} = キャッシュ・フローの変化額を前期末の総資産で割った値

WCA_{i, t} = 運転資本会計発生高 ((Δ流動資産 − Δ現金及び現金同等物) − (Δ流動負債 − Δ資金調達項目) を前期末の総資産で割ったもの)

EXT_{i, t} = 特別項目 (特別利益 − 特別損失) を *t* − 1 期の総資産で割ったもの

CYCLE_{i, t} = 営業サイクル日数の自然対数. 営業サイクルは, (売掛金の年間平均) / (収益総額/360) + (棚卸資産の年間平均) / (売上原価/360) によって計算される. 売上原価が報告されていない場合は, 収益総額から営業利益を引いた値を代わりに用いる.

AGE_{i, t} = 企業年齢の自然対数. 企業の年齢は実質設立年から当年までの年数.

ICLAIM_{i, t} = 主成分分析で算定される, 黙示的請求権への依存度. Appendix も参照

CEC_{i, t} = 役員報酬の変化額 (すべての取締役に支払われる現金給与およびボーナスの総額) を当期純利益で割った値

すべての変数の上位および下位 1% の外れ値は閾値に置き換える.

z 値は, Petersen (2009) に従い, クロスセクションおよび異時点間依存性をコントロールするために, 企業クラスターと年次クラスターにおいて補正を加えた頑健標準誤差に基づいて算出する.

*** 両側 t 検定において 1% 水準で有意
** 両側 t 検定において 5% 水準で有意
* 両側 t 検定において 10% 水準で有意

表2-11 代替的な利益分布アプローチの分析結果 (2)

従属変数	予想される符号	全サンプル 係数 (z値)	全サンプル 係数 (z値)	全サンプル 係数 (z値)
Constant		-1.173^{**}	1.448^{**}	-0.574
		(-2.224)	(2.509)	(-0.987)
$TAXCOST_{i,t}$	+	1.385^{***}		1.453^{***}
		(9.123)		(9.171)
$PRIVATE_{i,t}*TAXCOST_{i,t}$	+	0.620^{***}		0.542^{***}
		(4.359)		(3.534)
$FIN_{i,t}$	+		-0.052	0.054
			(-0.782)	(0.906)
$PRIVATE_{i,t}*FIN_{i,t}$	+		0.185^{***}	0.084
			(2.843)	(1.343)
$ASSET_{i,t}$	−	0.209^{***}	0.160^{***}	0.154^{***}
		(5.144)	(4.432)	(3.660)
$\Delta ASSET_{i,t}$	+	0.757	1.204^{*}	0.655
		(1.329)	(1.846)	(1.189)
$\Delta CFO_{i,t}$	+	0.244	0.847	0.123
		(0.313)	(1.169)	(0.156)
$WCA_{i,t}$	+	-1.088	0.110	-1.346
		(-1.058)	(0.099)	(-1.273)
$EXT_{i,t}$	+	3.986	3.851	3.130
		(0.945)	(0.852)	(0.738)
$CYCLE_{i,t}$	+	0.039	-0.030	-0.007
		(0.790)	(-0.568)	(-0.120)
$AGE_{i,t}$	−	0.137	-0.082	0.161
		(1.154)	(-0.621)	(1.378)
$ICLAIM_{i,t}$	+	0.071	0.173^{**}	0.155^{**}
		(0.932)	(2.027)	(1.974)
$CEC_{i,t}$	+	-0.038	0.040	-0.039
		(-0.545)	(0.678)	(-0.559)
Industry dummy		Yes	Yes	Yes
Log likelihood		-1726.010	-1915.939	-1718.935
McFadden R^2		0.138	0.043	0.141
N		$5,658$	$5,658$	$5,658$

注) 変数の定義は以下のとおりである.

$USLOSSEM_{i,t}$＝企業の基準化前利益がゼロより上の隣接する階級に含まれる場合に1, ゼロより下の隣接する階級に含まれる場合に0をとるダミー変数. ヒストグラム (前年度末総資産額に基づいて4分位に分割) に基づいて算出される. 併せて第6節を参照.

$PRIVATE_{i,t}$＝非上場企業の場合に1, それ以外で0をとるダミー変数

$TAXCOST_{i,t}$＝Gramlich et al. (2004) に基づき限界税率が正である企業で1, それ以外で0をとるダミー変数. Appendix も参照

$FIN_{i,t}$＝主成分分析を用いて算定した, 企業と銀行の関係の強さ. Appendix も参照

$ASSET_{i,t}$＝総資産の自然対数

$\Delta ASSET_{i,t}$＝総資産の変化額を前期末の総資産で割った値

$\Delta CFO_{i,t}$＝キャッシュ・フローの変化額を前期末の総資産で割った値

$WCA_{i,t}$＝運転資本会計発生高 ((Δ流動資産－Δ現金及び現金同等物)－(Δ流動負債－Δ資金調達項目) を前期末の総資産で割ったもの)

$EXT_{i,t}$＝特別項目 (特別利益－特別損失) を前期末の総資産で割ったもの

$CYCLE_{i,t}$＝営業サイクル日数の自然対数. 営業サイクルは, (売掛金の年間平均) / (収益総額/360) ＋ (棚卸資産の年間平均) / (売上原価/360) によって計算される. 売上原価が報告されていない場合は, 収益総額から営業利益を引いた値を代わりに用いる.

$AGE_{i,t}$＝企業年齢の自然対数. 企業の年齢は実質設立年から当年までの年数.

$ICLAIM_{i,t}$＝主成分分析で算定される, 黙示的請求権への依存度. Appendix も参照

$CEC_{i,t}$＝役員報酬の変化額 (すべての取締役に支払われる現金給与およびボーナスの総額) を当期純利益で割った値

すべての変数の上位および下位1%の外れ値は閾値に置き換える.

z値は, Petersen (2009) に従い, クロスセクションおよび異時点間依存性をコントロールするために, 企業クラスターと年次クラスターにおいて補正を加えた頑健標準誤差に基づいて算出する.

*** 両側t検定において1%水準で有意

** 両側t検定において5%水準で有意

* 両側t検定において10%水準で有意

7.　結論

　本章の目的は，日本特有の制度的要因が損失回避の利益調整に与える影響を検証することであった．日本企業を対象とした先行研究は，当期純利益の分布のゼロ付近における不規則性に注目して，日本企業の損失回避行動が極めて顕著であることを示している．本研究は，日本企業に特有の制度的要因が，この利益調整を生み出しているという仮説を設定した．具体的に，(1) 財務会計と税務会計の連携と (2) 企業と銀行の密接な関係，という2つの制度的要因に注目し，利益分布のゼロ付近の不規則性に与える影響を調査した．

　本分析で得られた主要な結果は以下の3点に要約できる．第1に，限界税率が高い企業ほど，わずかな正の利益を報告する利益調整を行う可能性が高いことを示した．この結果は，租税回避のインセンティブが高い経営者は，税コストを削減するために利益調整を行う傾向にあることを示唆している．

　第2に，企業の銀行への依存度が高い企業ほど，損失回避の利益調整を行う可能性が高いことを明らかにした．銀行との関係が強い企業の経営者にとって，損失は業績悪化のシグナルとなり，信用格付けまたは債務者区分の見直しや，銀行による介入を引き起こす可能性があるため，それを回避するインセンティブを有すると思われる．最後に，これらの制度的要因と損失回避行動の関係は，上場企業よりも非上場企業で顕著となることを示した．租税回避のインセンティブと銀行との関係を意識した利益調整は，上場企業よりも非上場企業のほうが高くなることが予想された．この結果は，そのような予測と一致する．以上の結果から，日本特有の制度的特徴が利益分布のゼロ付近での不規則性を生じさせることが分かった．

　日本企業を対象にした利益調整研究は，日本企業の損失回避行動が非常に特徴的であることを示していた．また制度的要因を議論する国際比較研究では，日本は税制と金融システムに特徴があることが指摘されていた．本研究は，その2つの特徴が実際にはリンクしており，日本企業の会計行動を特徴づけていることを明らかにした．制度的要因が利益調整に影響を与えることは先行研究でも示されている知見であるが，本研究は日本企業のみに注目することでより深い考察に基づく仮説展開と具体的なインプリケーションの導

出に成功していると思われる．日本企業の経営者が制度的要因によってわずかに正の利益を報告する強いインセンティブを有し，そのインセンティブは非上場企業の経営者においてより強くなる，という発見事項は，基準設定主体，税務当局および銀行等にも重要な示唆を与えると思われる．

　本研究は，いくつかの限界点を有することに注意してほしい．本研究の結論は，使用した代理変数（限界税率，借入金に基づく銀行との関連性の測定）や分析方法（利益分布アプローチ）の妥当性に依存する．今後は，より精緻な変数設定や分析方法の改善が望まれる．

Appendix

Appendix 1
限界税率の代理変数の定義

　限界税率の測定には，Gramlich et al.（2004）の方法に従い，繰越欠損金と繰戻し還付に関する課税所得ダミー変数を用いる．日本の税法では，一般に，日本企業は損失を1年間繰戻し，5年間（または7年間）繰越して，他の年度の正の税引前利益を相殺することができる（法人税法第57条，第80条）[21]．日本企業の限界税率が正となるのは，(1)当期の税引前利益が0より大きく，かつ過去2年間の純損失の合計（＝繰越欠損金）を上回る[22]，(2)税引前損失が前年の税引前利益より小さい場合（＝繰戻し還付を受ける場合）の2つの場合である．ただし，1984年4月1日から1988年3月31日まで，および1992年4月1日から2012年3月31日までに終了する事業年度については，欠損金の繰戻し還付は停止されており，その間は，限界税率が正になるのは税引前利益がゼロを超えた場合である．また，繰越欠損金については，1986年と1987年には，直前期の欠損金を課税所得と相殺することができなくなった．したがって，繰越欠損金と繰戻し還付に関する限界税率代理の定義は，状況によって異なる．表A1は，以上のような日本の税法上の規定に基づいて，本研究で使用する限界税率変数の定義をまとめたものである（企業の限界税率が正となる場合，この変数は1の値をとる）．

---

[21] 2004年の税制改正により，繰越欠損金の繰越期間が5年から7年に延長された．

[22] 有効な観測値数を最大にするため，Gramlich et al.（2004）で用いられた方法に従い，5年（7年）の繰越期間を2年間に短縮している．

表A1　限界税率の変数定義

税務上の計算年度	純損失の繰戻し	純損失の繰越	限界税率の測定方法
1979/4-1984/3	1年	5年	限界税率変数は，以下の2つの場合に1をとり，それ以外の場合に0をとる． (1) 当期の税引前利益が0より大きく，かつ過去の純損失の合計を上回る場合， (2) 税引前損失が前年の税引前利益より小さい場合
1984/4-1986/3	なし	5年	限界税率変数は，当期の税引前利益が0より大きく，かつ過去2年間の純損失の合計を上回る場合に1をとる．
1986/4-1988/3	なし	部分的に停止	限界税率変数は，当期の税引前利益が0より大きく，かつ1983年と1984年（1984年，1985年）の純損失の合計を1986年（1987年）に上回った場合に1をとる．
1988/4-1992/3	1年	5年	限界税率変数は，以下の2つの場合に1をとり，それ以外の場合に0をとる． (1) 当期の税引前利益が0より大きく，かつ過去の純損失の合計を上回る場合， (2) 税引前損失が前年の税引前利益より小さい場合
1992/4-2004/3	なし	5年	限界税率変数は，当期の税引前利益が0より大きく，かつ過去2年間の純損失の合計を上回る場合に1をとる．
2004/4-	なし	7年	限界税率変数は，当期の税引前利益が0より大きく，かつ過去2年間の純損失の合計を上回る場合に1をとる．

Appendix 2

表A2　銀行との関係を測定するための主成分分析の結果

パネルA：上場企業・非上場企業の主成分分析の結果

相関行列

	$DEBT_{i,t}$	$LOAN_{i,t}$	$LOAN5_{i,t}$
$DEBT_{i,t}$	1.00	0.61***	0.56***
$LOAN_{i,t}$	0.44***	1.00	0.94***
$LOAN5_{i,t}$	0.44***	0.94***	1.00

分散説明量

	固有値	寄与率	累積寄与率
第1主成分	2.248	74.9%	74.9%
第2主成分	0.690	23.0%	97.9%
第3主成分	0.062	2.1%	100.0%

主成分係数（固有ベクトル）

	第1主成分	第2主成分	第3主成分
$DEBT_{i,t}$	0.446	0.895	0.006
$LOAN_{i,t}$	0.634	− 0.311	− 0.708
$LOAN5_{i,t}$	0.632	− 0.320	0.706

パネルB：上場企業についての主成分分析の結果

相関行列

	$DEBT_{i,t}$	$LOAN_{i,t}$	$LOAN5_{i,t}$
$DEBT_{i,t}$	1.00	0.62***	0.56***
$LOAN_{i,t}$	0.45***	1.00	0.93***
$LOAN5_{i,t}$	0.44***	0.92***	1.00

分散説明量

	固有値	寄与率	累積寄与率
第1主成分	2.241	74.7%	74.7%
第2主成分	0.680	22.7%	97.4%
第3主成分	0.079	2.7%	100.0%

主成分係数（固有ベクトル）

	第1主成分	第2主成分	第3主成分
$DEBT_{i,t}$	0.453	0.891	0.012
$LOAN_{i,t}$	0.632	− 0.312	− 0.710
$LOAN5_{i,t}$	0.629	− 0.329	0.704

パネルC：非上場企業についての主成分分析の結果

相関行列

	$DEBT_{i,t}$	$LOAN_{i,t}$	$LEV_{i,t}$
$DEBT_{i,t}$	1.00	0.59***	0.57***
$LOAN_{i,t}$	0.48***	1.00	0.95***
$LOAN5_{i,t}$	0.48***	0.94***	1.00

分散説明量

	固有値	寄与率	累積寄与率
第1主成分	2.297	76.6%	76.6%
第2主成分	0.647	21.6%	98.1%
第3主成分	0.056	1.9%	100.0%

主成分係数（固有ベクトル）

	第1主成分	第2主成分	第3主成分
$DEBT_{i,t}$	0.462	0.887	0.001
$LOAN_{i,t}$	0.627	− 0.326	− 0.708
$LOAN5_{i,t}$	0.627	− 0.328	0.707

注）この表は，FIN の算出のために以下の3変数に基づく主成分分析を行った結果である．
$DEBT_{i,t}$ = 企業が銀行借入（短期または長期の借入）を行っている場合は1，それ以外は0をとるダミー変数
$LOAN_{i,t}$ = 当期における短期借入および長期借入の総和を前期末の総資産で割ったもの
$LOAN5_{i,t}$ = 過去5年間の $LOAN$ の平均
3つの変数（$DEBT, LOAN, LOANS$）の主成分分析を年度ごとのクロスセクション回帰により行ったが，簡略化のため，プールデータに基づくクロスセクション・時系列回帰の結果を示している．

Appendix 3

表A3　黙示的請求権への依存度を測定するための主成分分析の結果

パネルA：上場企業・非上場企業の主成分分析の結果

相関行列

	$DUR_{i,t}$	$R\&D_{i,t}$	$LABOR_{i,t}$
$DUR_{i,t}$	1.00	0.34***	0.13***
$R\&D_{i,t}$	0.14***	1.00	0.08***
$LABOR_{i,t}$	0.20***	0.1***	1.00

分散説明量

	固有値	寄与率	累積寄与率
第1主成分	1.293	43.1%	43.1%
第2主成分	0.912	30.4%	73.5%
第3主成分	0.795	26.5%	100.0%

主成分係数（固有ベクトル）

	第1主成分	第2主成分	第3主成分
$DUR_{i,t}$	0.636	-0.174	-0.752
$R\&D_{i,t}$	0.497	0.838	0.226
$LABOR_{i,t}$	0.591	-0.517	0.619

パネルB：上場企業についての主成分分析の結果

相関行列

	$DUR_{i,t}$	$R\&D_{i,t}$	$LABOR_{i,t}$
$DUR_{i,t}$	1.00	0.29***	0.05***
$R\&D_{i,t}$	0.10***	1.00	-0.02***
$LABOR_{i,t}$	0.10***	0.04***	1.00

分散説明量

	固有値	寄与率	累積寄与率
第1主成分	1.161	38.7%	38.7%
第2主成分	0.958	31.9%	70.6%
第3主成分	0.882	29.4%	100.0%

主成分係数（固有ベクトル）

	第1主成分	第2主成分	第3主成分
DUR	0.651	-0.018	-0.759
$R\&D$	0.529	0.727	0.438
$LABOR$	0.544	-0.687	0.483

パネルC：非上場企業についての主成分分析の結果

相関行列

	$DUR_{i,t}$	$R\&D_{i,t}$	$LABOR_{i,t}$
$DUR_{i,t}$	1.00	0.14***	0.21***
$R\&D_{i,t}$	0.09***	1.00	0.03***
$LABOR_{i,t}$	0.23***	0.06***	1.00

分散説明量

	固有値	寄与率	累積寄与率
第1主成分	1.275	42.5%	42.5%
第2主成分	0.962	32.1%	74.6%
第3主成分	0.763	25.4%	100.0%

表 A3　黙示的請求権への依存度を測定するための主成分分析の結果（続き）

主成分係数（固有ベクトル）

	第 1 主成分	第 2 主成分	第 3 主成分
$DUR_{i,t}$	0.673	-0.165	-0.721
$R\&D_{i,t}$	0.362	0.924	0.126
$LABOR_{i,t}$	0.646	-0.346	0.681

注）この表は，$ICLAIM_{i,t}$ の算出のために以下の 3 変数に基づく主成分分析を行った結果である．
$DUR_{i,t}$ ＝耐久消費財の業種（日経業種中分類 13-33, 41）に属する場合に 1, それ以外は 0 をとるダ
　ミー変数
$R\&D_{i,t}$ ＝研究開発費を総資産で除した値
$LABOR_{i,t}$ ＝労働集約度（1 － 当期における償却性資産を総資産で除した値）
3 つの変数（$DUR_{i,t}$, $R\&D_{i,t}$, および $LABOR_{i,t}$）の 3 つの変数に対して，年間クロスセクション回帰推
定を用いる主成分分析を行ったが，簡略化のために，プールのクロスセクション，時系列の推定
結果のみ掲載している．

第3章

日本の安定株式保有が
利益平準化に与える影響

1. 本章の目的と構成

　本章の目的は，日本の特徴的な制度的要因の1つである株式所有構造が経営者による利益平準化（income smoothing）に与える影響を調査することである．Bushee（1998）は，短期的な視野で投資を行う機関投資家による株式保有は，経営者による短期的な利益目標達成のための利益調整を誘発するという証拠を提示した．このような経営者行動は，しばしば「近視眼的意思決定の問題（myopic problem）」または「意思決定範囲の問題（decision horizon problem）」と呼ばれる（Smith and Watts 1982; Narayanan 1985; Stein 1989; Dechow and Sloan 1991; Porter 1992; Bushee 2001; Cheng 2004; Dikolli et al. 2009; Cadman and Sunder 2014）．さらには，長期の投資期間を持つ安定的な株式保有は，経営者の近視眼的行動を抑止し，長期的に安定した利益を追求するインセンティブをもたらすと主張する研究も存在する（Abegglen and Stalk 1985; Porter 1992; Jacobson and Aaker 1993; Osano 1996）．

　本研究は，後者の観点から，安定的な株式保有が利益調整の一形態である利益平準化行動に与える影響を分析するものである．具体的には，日本の株式市場における（1）株式相互保有と（2）金融機関による安定的な株式保有，という2つの特徴に着目し，このような株式所有構造が経営者の利益平準化行動に与える影響を調査する．本研究が日本企業の株式所有構造に着目するのは，米国企業の株式所有構造に比べて，分析のための有意義な研究セッティングとなることが期待されるためである．日本の株式市場に特徴的な点として，上述のような投資期間の長い安定的株式保有と投資期間の短い外国法人のような株式保有が併存していることが挙げられる．この日本独自の所

有構造は，両者の影響を相互比較することができ，利益調整と意思決定範囲の問題の関係を研究するのに適した研究機会となる．

　本研究は，長期的な投資期間を持つ安定株主に保有されている企業の経営者は，利益調整を通じて安定的な利益を報告するインセンティブを持つことを予想する．安定株主は経営者の近視眼的行動を抑制するため，そのような経営者は，短期的な利益目標達成のために利益を増大させるインセンティブを持たない．日本企業の事業法人間の株式相互保有と金融機関による安定株式保有は，互いに密接な関係を持つ企業グループを形成する．事業法人間の株式相互持合いは安定的な友好関係を創出し，その中心には株式を保有する銀行（メインバンク）が存在する．企業は主要な資金需要をメインバンクに依存するため，株式保有と資金調達を通じて相互に関連を有する企業集団が形成されることになる（Hoshi et al. 1990, 1991; Aoki and Patrick 1994; Douthett and Jung 2001; Arikawa and Miyajima 2007; Shuto and Kitagawa 2011）[1]．

　株式相互保有および金融機関による安定株式保有は以下のような特徴を有する．第1に，黙示的かつ長期的な契約関係という特徴を有する．Sheard（1994b）は「安定的な株式保有」を，株式保有に係る所有権の一部，特に株式譲渡または議決権行使の権利を，暗黙の契約により放棄することと定義している．一般に，日本の安定株主は「友好的な」インサイダーの役割を果たし，現職の経営者に同調的で，第三者に株式を売却しないという合意がある．安定的な株式保有は，敵対的買収の脅威を抑制し，長期的なビジネス関係を維持するため，経営者は長期的な視点に立って事業を展開することができる（Abegglen and Stalk 1985; Porter 1992; Osano 1996）．このように，安定株主は経営者に対し短期的な利益目標達成の圧力をかけないため，経営者は利益目標達成のために利益を水増しするインセンティブを持たない．

　第2に，安定株主の存在する企業では，経営者自身も安定株主と長期的な関係性を維持するために，安定的かつ信頼性の高い情報を提供するインセンティブを有することである．安定株主は暗黙のうちに議決権の行使を放棄し

---

[1]　そうした企業集団の典型的な例として，過去の日本の系列システムが挙げられる．

ているため，安定株主は経営者に一定の裁量権を与えている．これにより，経営者は自らの私的利益を増加させるような機会主義的行動をとり，長期的な企業価値を損なう恐れがある．このような示唆と一致して，メインバンク等の安定株主は，企業の業績が極端に悪化すると様々な介入を行うことが示されている（Kaplan and Minton 1994; Kang and Shivdasani 1995）．

　上記の議論は，企業の将来業績と株式保有の関係がある均衡点を有することを示唆している（Sheard 1994b）．すなわち，安定株主は企業の事業の見通しに関するリスクを認識した場合，安定的な関係性を解消する可能性があるということである．安定株主と企業の経営者には情報の非対称性が存在するため，安定株主は企業の私的情報のすべてをモニタリングすることはできない．そのため，経営者が機会主義的行動をとっているかどうかを完全に理解することはできない．したがって，仮に経営者が安定株主との長期的な関係性を維持したいと考えるならば，経営者は自身に関する信頼できる情報を安定株主に伝達する必要がある．

　会計利益の平準化は，安定株主が認識する企業業績の分散，すなわちリスクを低下させる効果がある．そのため，企業が安定株主との暗黙の契約のもとで信頼性の高い情報を伝達するためには，利益平準化は有用な手段となる可能性がある（Trueman and Titman 1988）．例えば，Dou et al.（2013）は，企業とサプライヤーといった長期的かつ黙示的な関係を有する契約当事者間において，企業の経営者は，その関係を維持するために利益平準化を用いてシグナリングを行うことを例証している．彼らは，より平準化された利益は，(1) 企業の将来キャッシュ・フローに関するリスクの程度，(2) 経営者が，将来，長期契約を解消するリスクの程度に関する利害関係者の認識を低減させ，企業との長期的関係を維持するのに役立つと主張している．

　上記の議論に従い，安定株主と利益調整の関係は以下のように要約できる．すなわち，(1) 安定株主は，経営者の短期的な利益目標達成のための行動を抑制する，そして (2) 安定株主との長期的な関係を維持したいと考える経営者は，利益平準化の動機を持つ．したがって本研究では，安定株主の存在する企業の経営者は，安定した利益を報告する可能性が高い，という仮説を設定する．

利益の平準化は，利益のボラティリティを減少させる一方で，それが経営者による機会主義的な利益調整の帰結である可能性を否定できない．その場合，利益平準化は報告利益の質を低下させる可能性がある．すなわち，利益平準化には，情報提供（informational）部分と歪み（garbling）部分が混在することが先行研究によって指摘されている（Tucker and Zarowin 2006; Dou et al. 2013）．本研究では，上述のとおり，経営者は安定株主に将来事業の不確実性に関する信頼性の高い情報を伝えるために利益平準化を用いると仮定している[2]．そのため，仮説の検証に当たっては，先行研究の手法に依拠して，利益平準化から情報提供部分を抽出する（Tucker and Zarowin 2006; Dou et al. 2013）．安定的な株式保有と利益平準化の関連性は，主にこの情報提供部分によって説明されることを予想する．

　分析を行った結果，本研究の仮説と一致して，安定的な株式保有が利益平準化の情報提供部分と正の相関を持つことを明らかにした．また，外国法人による株式保有については，そのような傾向は観察されなかった．さらに，追加的検証では，安定株主の存在により，経営者が裁量的な支出費用を削減することで，短期の利益目標を達成しようとするインセンティブが軽減されることも明らかとなった．この結果は，安定株主の存在は近視眼的問題を軽減する可能性を示唆するものであり，本研究の予測と一致する．

　本研究の貢献は以下のとおりである．第1に，本研究は，投資家の意思決定範囲に関する実証的証拠を提示することで，株式所有構造と利益調整の関係を検証した先行研究を展開した．多くの研究は，米国企業（Warfield et al. 1995; Chung et al. 2002; Cornett et al. 2008）および日本企業（Douthett and Jung 2001; Teshima and Shuto 2008）における株式所有構造と裁量的発生高の関係に着目しており，投資意思決定範囲の観点から調査した研究はほとんど見られない．

　Bushee（1998）は，機関投資家の意思決定範囲の問題と利益調整の関係に

---

[2] これは，利益平準化の情報提供的役割は，将来業績についての私的情報をシグナリングする経営者の効率的な行動である，という Demski（1998）の主張とも整合している．

着目した唯一の研究である．本研究はこの先行研究と以下の点で異なっている．第1に，Bushee（1998）は，短期の株式保有が利益調整に与える影響を調査しているのに対し，本研究は安定的な株式保有がもたらす影響を利益平準化の観点から検証した．Bushee（1998）および本研究は，どちらも機関投資家による株式保有の影響を分析しているが，それぞれ意思決定の範囲が異なる機関投資家に注目しているため，利益調整に与える結果は異なることが分かった．これは，機関投資家による株式保有の経済的帰結を議論するうえで，投資意思決定の範囲が非常に重要であることを示唆している．

　第2に，本研究は経営者による利益調整の中でも利益平準化，特にその情報提供部分に着目した．Bushee（1998）は利益調整を経営者の機会主義的行動と捉え，株式所有構造の違いによって利益調整が存在するか否かに注目していた．しかし本研究は，機関投資家による安定的な株式保有は，情報提供性のある利益平準化を誘発することを示した．言い換えれば，機会主義的ではなく，効率的な利益調整が存在する可能性を提示し，利益調整のパターンに関する理解を深めることができたと言える．利益平準化が機会主義的か情報提供的かということについては議論があり（Tucker and Zarowin 2006; Dou et al. 2013），そのような議論に対して追加の経験的証拠を提示したことが貢献となる．

　本章の次節以降は以下のように構成される．第2節では，先行研究を概観したうえで，仮説を設定する．第3節では，リサーチ・デザインを説明する．続く第4節では，サンプルの選択基準と分析で使用する変数について説明する．第5節では主要な結果を報告し，第6節で追加的検証の結果を提示する．最後の第7節において，要約と展望を示す．

2.　先行研究と仮説展開

2.1　意思決定範囲の問題と利益調整

　米国企業を対象とした先行研究は，経営者の意思決定範囲の問題が利益調整をもたらすことを示している．例えば，Dechow and Sloan（1991）は，経営者は退職時期が近づくと，短期的な利益を増加させるために研究開発費を削減することを示した．またBaber et al.（1991）は，経営者は研究開発費を削

減することで機会主義的に利益を増加させ，減益や損失を回避することを発見した．このような行動は，上述したように，近視眼的問題または意思決定範囲の問題と呼ばれることが多い（Smith and Watts 1982; Narayanan 1985; Stein 1989; Dechow and Sloan 1991; Porter 1992; Cheng 2004）．

　Cheng（2004）は，経営者の意思決定範囲の問題に直面した際に，報酬委員会が機会主義的な研究開発費の削減を抑止できるかどうかを調査した．分析を行った結果，この問題が深刻化する状況（例えば，経営者の退職時）では，研究開発費の削減は経営者報酬の増加に結び付いていないことを示した．この結果は，報酬委員会が機会主義的な研究開発費の削減に対応し，適切にコントロールしていることを示唆する．またMande et al.（2000）は，いくつかの産業では，日本の経営者は短期的な業績を意識して研究開発費の予算を調整することを示した．この結果は，米国の経営者と同じように，日本の経営者にも近視眼的行動をとるインセンティブがあることを示している．

　Bushee（1998）は，投資意思決定範囲が短期的である一時的（transient）な機関投資家による株式所有が集中している企業は，利益目標を達成するため経営者が研究開発費を削減する傾向にあることを示した．このような一時的な機関投資家は，短期的な利益に基づいて大量の取引を行うため，経営者の近視眼的な行動を生じさせると解釈されている（Bushee 1998, p. 307）．また機関投資家による株式保有が一時的な企業ほど，決算発表においてアナリスト予想などの利益予想値を達成する企業が多くなることも示されている（Bushee 2001; Matsumoto 2002）．総じて，先行研究の結果は，意思決定範囲の問題および近視眼的問題が，長期的な価値の最大化ではなく，短期的な利益目標を達成するための機会主義的行動をもたらすことを示唆している．

2.2　安定的な株式所有，投資意思決定範囲，および安定的な利益

　Bushee（1998）の分析は，株式所有構造と利益調整の関係を調査している点において本研究と関連が深い．Bushee（1998）は，短期の投資意思決定範囲を持つ株式保有と利益調整の関係に着目していたのに対し，本研究は短期ではなく長期の投資意思決定範囲を持つ安定的な株式保有と利益調整行動の関係を検証する．日本の株式所有構造の特徴的な点として，（1）株式の相互

保有と (2) 金融機関による株式保有で構成される，安定的な株式保有が存在することが挙げられる（Hoshi et al. 1990, 1991; Aoki and Patrick 1994; Douthett and Jung 2001; Shuto and Kitagawa 2011）[3]．

　株式相互保有や金融機関を通じた安定的な株式保有は，企業と安定株主の長期的な契約を意味するが，これは暗黙上のものである．相互保有を行う株主は企業の取引相手であり，これらの企業グループは株式を交換することで長期的関係を維持しているため，相互に議決権が生じる（Osano 1996; Isagawa 2007）．メインバンクは金融機関を代表する安定株主であり，企業の債権者および株主として，緊密な関係を築いている．経済用語としての「安定した株式保有」は，株式保有に関連する所有権の一部，特に株式の譲渡または議決権の行使の権利を暗黙のうちに放棄するものと説明される（Sheard 1994b）．具体的には，Sheard（1994b）は安定株主の行動を以下のようにまとめている．第1に，安定株主は現職の経営者に同調的で「友好的な」インサイダーとして株式を保有する．第2に，安定株主は現職の経営者に同調的でない第三者，特に敵対的買収者または戦略的に株式の保有割合を高めようとする投資家に株式を売却しない．第3に，安定株主は株式の処分が必要な場合は企業に相談するか，少なくとも売却の意思を会社に知らせる．

　安定的な株式保有は，敵対的買収の脅威を軽減し，長期的なビジネス関係を維持することによって企業経営の安定性を高めるため，経営者は長期的な視点に基づいて事業を展開することができる．先行研究によると，これらの安定株主は，経営者が機会主義的行動をとることを防ぎ，企業価値向上を目的とした長期的な投資や財務上の意思決定を行うように促すことができる（Abegglen and Stalk 1985; Porter 1992; Osano 1996）．またJacobson and Aaker（1993）

---

[3]　さらに最近は，アジア圏の企業を調査対象とした研究において，各国の特徴的な株式保有構造が経営者の利益調整行動に影響するという研究がある．例えば，Wang and Yung（2011）は，中国の国有企業は民間企業と比べて裁量的発生高が少なく，会計発生高の質が高いことを示している．さらに，Wang and Lin（2013）は，台湾において，ピラミッド型の株式所有構造を有する企業は，内部資本市場を活用できるため，その高いレバレッジから利益調整が減少することを示している．

は，日本の株主の一部には，取引相手（たいていの場合は同じ産業グループ
に所属する）または関係を持つ銀行が含まれるため，このような投資家は事
業の長期的な見通しについてより多くの情報を有し，近視眼的な経営行動を
検知することができ，それゆえ現時点での低い利益を受け入れることができ
ると予想する．したがって，安定株主は経営者の近視眼的行動を抑制し，経
営者は短期的な利益目標達成のために利益を増加させるインセンティブを持
たない．

　しかし，安定株主は議決権の行使を暗黙のうちに放棄するため，現職の
経営者に多くの裁量を委ねることになる．それによって経営者は私的利益を
追求し，長期的な企業価値を損なう行動をとる可能性もある．もちろん，安
定株主はそのような機会主義的行動が何の制限もなく行われることを許容す
るわけではない．安定株主のモニタリング行動は状況によって異なることに
留意すべきである．特に，先行研究によると，安定株主は，企業の業績が良
いときには経営への介入を控える一方で，企業の業績が実際に悪化した場合
には経営介入を行う（Aoki 1994; Sheard 1994b）．例えばメインバンクは，借
入企業の財務状態が良好であれば企業の経営に介入しないが，極端に業績が
悪い場合には融資契約の見直し，経営者の交代，およびメインバンクが指名
した取締役の派遣などの様々な経営介入を行うことが実証的証拠により示さ
れている（Kaplan and Minton 1994; Kang and Shivdasani 1995）．最悪の場合に
は，メインバンクは借入企業を救済する施策を放棄し，借入企業の清算を選
択する可能性もある．この規律づけのメカニズムは，買収と破産手続きに基
づく規律づけを行う英米型の（市場志向型）システムとは異なるものである
（Arikawa and Miyajima 2007）．

　さらに，金融商品についての時価会計の導入や金融危機などの制度的環境
の変化により，特に1990年代以降，日本企業の株式相互保有は減少傾向に
ある．Sheard（1994b）は，良好な経営成績と安定株主による議決権の委任は
均衡的な行動として維持されるが，経営者がその権限を濫用した場合，その
ような均衡が維持されなくなる可能性が高いことを指摘している．すなわ
ち，安定株主は，企業の事業の見通しにリスクを感じた場合には株式を売却
することで企業との安定した関係を変化させることができる．したがって，

経営者は，安定株主と長期的な関係を維持するために，安定株主に自身に関する信頼性の高い情報を伝える必要が生じる．以上の議論を踏まえ，安定的な株式保有と利益調整の関係を以下のように要約する．第1に，安定株主は経営者が短期的な利益目標達成のために利益を増加させるのを抑制する．第2に，経営者は安定株主との長期的な関係を維持するために，安定的な利益（利益平準化）を創出するインセンティブを有する．次節の仮説展開で，より詳細な説明を行う．

2.3　仮説展開

安定株主と経営者の間には情報の非対称性が存在するため，安定株主は企業の私的情報のすべてを知ることはできない．したがって，安定株主にとって，経営者が黙示的な長期契約を解消するか否か，およびその解消はいつ行われるのかを知ることは困難である．それゆえ，安定株主は，企業の事業の見通しと長期的な関係を維持する能力について関心を持ち，その認識に基づいて，企業との関係についての意思決定を行う（Kreps et al. 1982; Raman and Shahrur 2008; Dou et al. 2013）．このような状況において，経営者は，安定株主との長期的な関係を維持するために，業績に関する情報を継続的に提供する必要がある．

例えば，利益平準化を行うことは，安定株主が認識する企業業績の変動を小さくするため，会計情報は安定株主との暗黙の契約において重要な役割を果たす可能性がある（Trueman and Titman 1988）．Dou et al.（2013, p. 1633）は，企業と利害関係者の関係を維持するためには，企業業績に関する利害関係者の認識が重要となる理由を2つの観点からまとめている．彼らは，黙示的な長期契約における利益平準化の役割について分析しているため，本研究の分析視点にも重要な含意を有すると思われる．第1に，より安定した利益は，利害関係者が推定する企業の将来キャッシュ・フローに関するリスクを軽減し，それが企業と利害関係者との間の長期的な関係の維持に役立つ．第2に，利益水準を一定に保ったまま，当期の利益が平準化されれば，将来経営者が長期契約を解消するリスクに関する利害関係者の認識が低減され，関係維持に貢献する，という主張である．安定株主は，経営者の長期契約の解消に伴

うコストを負担しなければならない．安定株主の立場からすると，長期契約の解消が発生する確率は，企業の利益のボラティリティが高まるにつれて高くなる．企業は，当期利益をより平準化して報告することで，経営者が生み出す多額のコストを将来的に負担しなければならないという株主の認識を抑制することができる．その結果，当期利益が平準化されることによって，企業との長期的な関係を維持しようとする安定株主の意思が強まると説明される[4]．

最後に，上記の議論に基づいて，株式保有，意思決定範囲の問題，および利益平準化の関係を簡単に要約する．株式保有が経営者のインセンティブに与える影響については以下のようにまとめられる．短期的な機関投資家は，現在の利益に敏感に反応するため，企業が彼らの期待する利益を達成できない場合，大規模な売却を引き起こす可能性がある．したがって，経営者は短期的な利益目標達成のインセンティブ（近視眼的行動のインセンティブ）を持つと考えられる．

一方，安定株主の目的は短期的な取引で利益を得ることではないため，安定株主がいる企業の経営者は，短期的な利益を追求するような動機づけはなされない．さらに経営者は，安定株主との長期的な関係を維持するために，

---

[4] さらに，安定株主である金融機関は，その非対称的なペイオフ構造のために安定した利益に関心を持つ．債権者は，元本や利息に対する固定的な請求権（fixed claim）のみを有するため，企業価値上昇に伴う潜在的な便益への関心は限定的と言える．元本と利息などの支払契約に基づいて企業の資産に対する請求権を制限する，非線形のペイオフ構造を持つため，借入企業の潜在的な利益について関心を持つ可能性は低い．他方，企業価値が低下している際には，元本や利息に対する請求権が毀損する可能性があり，潜在的な損失に大きな関心を持つ．これは，利益のボラティリティの削減が下方リスクの低減に寄与する可能性があるということを示唆している．利益に関する不確実性が高い場合，一時的な利益の増加に基づく過剰な配当支払いや役員報酬支払いのリスクが高まるためである（Watts 1993; Ahmed et al. 2002）．したがって，金融機関との長期的な関係を維持したい経営者は，リスク回避傾向についてシグナリングを行うために利益を平準化する可能性がある．

安定した利益を報告するインセンティブを持つ．具体的には，安定的な株式保有は，利益のボラティリティを低下させる利益平準化行動と正の相関があると予測する．

　利益平準化は，企業の報告利益の時系列変化を削減することを目的とした利益調整の典型的なパターンの1つである．ただし，先行研究において，利益平準化には情報提供部分と歪み部分の2種類が観察されている点に留意すべきである．利益平準化の歪み部分は，私的便益を増加させる経営者の機会主義的行動を反映しており，情報提供部分は，将来の業績に関する私的情報をシグナリングする経営者の効率的な行動を捕捉する（Demski 1998）．上記の仮説展開で確認したとおり，本研究の予測は，利益平準化が将来業績に関する有用な情報を安定株主に伝達する手段として用いられることを期待するものである．すなわち，経営者は将来利益のボラティリティに対する株主のリスク認識を変えるために，情報提供的なシグナルとして利益平準化を用いることを仮定している．したがって，安定的な株式保有と利益平準化との関係は，利益平準化の情報提供部分によって説明されると予想する[5]．

仮説：安定的な株式保有は，利益平準化の情報提供部分と正の相関がある．

　安定的な株式保有の結果と比較するために，外国法人による株式所有の影響も検討する．日本の株式市場では，外国人株主は短期的な投資を行っていることが広く知られている（Uno and Kamiyama 2010）．したがって，外国人株主は，Bushee（1998）の結果と同様に，近視眼的な観点からの利益調整を助長すると考えられる．そのため，情報提供的な利益平準化は抑制されることが予想される[6]．

---

[5] 本研究での仮説とは反対に，経営者が私的便益獲得のために利益平準化を利用する場合，利益平準化の歪み部分の影響がより大きくなることが予想される．

[6] 安定株主の分析に加えて，日本における外国法人による株式所有に焦点を当てることは，以下の2つの理由から重要である（Jiang and Kim 2004）．第1に，Kang and Stulz（1997）が指摘しているように，日本は，公開されている有価証券報告書また

3. リサーチ・デザイン

3.1 利益平準化の測定

本節では,利益平準化の測定方法を説明する.具体的に,先行研究に従い3つの利益平準化の指標を利用する.1つ目の指標($ES1$)は,経営者が会計発生高を調整して報告利益の変動を抑制する程度を測定するものである(Leuz et al. 2003; Francis et al. 2004; LaFond et al. 2007; Lang et al. 2009; Grant et al. 2009; Perotti and Wagenhofer 2014).具体的には,企業の利益の標準偏差と営業活動によるキャッシュ・フローの標準偏差の比として算出する.なお,添え字の i は企業,t は期間(事業年度)を表す.

$$ES1_{i,t} = \sigma\,(NI_{i,t})\,/\sigma\,(CF_{i,t})$$

$NI_{i,t}$ = 税引後経常利益(当期純利益 - 特別利益 + 特別損失)

$CF_{i,t}$ = 営業活動によるキャッシュ・フロー($NI - ACC$)

$ACC_{i,t}$ =(Δ流動資産 - Δ現金及び現金同等物)

　　　　　 -(Δ流動負債 - Δ資金調達項目[7])

　　　　　 - Δその他の引当金[8] - 減価償却費

NI と ACC は $t-1$ 期の総資産額で基準化したものである.標準偏差は,過去5年間の移動標準偏差を用いる.キャッシュ・フローの変動に対する利益の変動が小さいほど,より利益平準化を行っていることを意味する.したがって $ES1$ が小さいほど利益平準化の程度が高いことを示す.

は株式ガイド(stock guides)から「外国投資家による[株式]保有に関する詳細なデータが入手できる唯一の大国」(p. 4)である.第2に,外国投資家による株式保有は,一般的に,日本以外のアジア諸国では制限されている(Jiang and Kim 2004).以上より,日本の株式市場は,本研究の関心に非常に適した研究環境であると言える.

[7] Δ資金調達項目は以下の項目の合計である:短期借入金の変化額,コマーシャル・ペーパーの変化額,および債券と転換社債の変化額.

[8] Δその他の引当金とは,固定資産に区分される引当金の変化額である.

2つ目の利益平準化の指標（*ES2*）は，会計発生高（*ACC*）の変化額と営業活動によるキャッシュ・フロー（*CF*）の変化額の相関である（Land and Lang 2002; Bhattacharya et al. 2003; Leuz et al. 2003; LaFond et al. 2007; Myers et al. 2007; Grant et al. 2009; Lang et al. 2009; Perotti and Wagenhofer 2014）.

$$ES2_{i,t} = \rho\left[\Delta ACC_{i,t}, \Delta CF_{i,t}\right]$$

ES2 の算定には，過去5年間のデータを用いる．利益調整による影響を除いても，発生主義会計のもとで会計発生高とキャッシュ・フローは負に相関するため，*ES2* の平均値は負になると予想される（Dechow 1994）．しかし，*ES2* のより大きな負の値は，企業のファンダメンタル業績とは関連しない利益調整による利益平準化が行われている可能性が高いと考えられる（Bhattacharya et al. 2003; Leuz et al. 2003; Myers et al. 2007）．したがって，*ES2* が小さいほど利益平準化の程度が高いことを示す．3つ目の利益平準化指標（*ES3*）は，Tucker and Zarowin（2006）および Grant et al.（2009）を参考に *ES2* を拡張した，裁量的発生高（*DAC*）と非裁量的利益（*NDNI*）の相関である.

$$ES3_{i,t} = \rho\left[\Delta DAC_{i,t}, \Delta NDNI_{i,t}\right]$$

$DAC_{i,t}$＝修正ジョーンズ・モデル（Dechow et al. 1995）を用いて推定される裁量的発生高[9]

$NDNI_{i,t}$＝非裁量的利益（$NI_{i,t} - DAC_{i,t}$）

同じく過去5年のデータを用いて相関を計算する[10]．経営者の利益平準化の裁量部分を直接観察することは難しいが，上記の指標は，経営が裁量的発生高を用いて本来の利益の流列を平準化することを前提としている（Tucker

---

[9] 本研究が採用する，修正ジョーンズ・モデルを用いた推定方法の詳細については Appendix を参照してほしい.

[10] 本研究と同様に5年間のデータを用いて利益平準化の変数を計算する論文として，Tucker and Zarowin（2006）がある．また Grant et al.（2009）は過去3年間のデータを用いて計算を行っている.

and Zarowin 2006; Grant et al. 2009). そのため, *ES3* の負の相関が強いほど, 経営者の利益平準化行動が顕著であることを意味する.

　次に, 利益平準化を情報提供部分と歪み部分に分解する. まず, 主成分分析によって3つの利益平準化の指標を1つの変数に合成した変数を「総合利益平準化スコア」(*ES4*) と定義する [11, 12]. さらに, Tucker and Zarowin (2006) の方法を展開した Dou et al. (2013) の推定方法を用い, *ES4* を情報提供部分と歪み部分に分解する. Tucker and Zarowin (2006) は, Collins et al. (1994) のアプローチにもとづき, 利益平準化が, 将来利益と将来キャッシュ・フローに関する過去および現在の利益の情報内容を向上させるかどうかを検証する手法を提案した. 具体的には, 株価の情報効率性を前提にして, 現在の株価が将来の利益に関する情報をどれだけ織り込んでいるかを推定し, この関連性を将来利益反応係数 (future earnings response coefficient; FERC) と定義した.

　仮に, 利益平準化によって利益の情報提供機能が高まるのであれば, 株式リターンは将来の利益に関する情報をより多く反映し, 利益平準化に積極的な企業のFERCはより高くなるはずである. 反対に, 利益平準化が単に情報内容を歪めているだけなら, 株式リターンは将来の利益情報をあまり反映せ

---

[11]　主成分分析の結果によると, 3つの指標は事前の予測どおりに, 互いに有意に正の相関関係が観察された. また, 因子負荷量は予測どおりにすべて正になっている. 3つの指標の共通因子の寄与率は約58.1％となっている. したがって, 主成分分析の結果で得られた合成指標は総合的な利益平準化を適切に反映していると考えられる.

[12]　Dou et al. (2013, p. 1638) が述べているように, 本研究の利益平準化指標 (*ES4*) は, ファンダメンタルの企業業績 (すなわち営業活動によるキャッシュ・フロー) とは別に, 会計発生高の平準化の度合いを捉えられている点で優れている. 会計発生高の平準化は, 経営者の裁量性を少なくとも部分的に反映しており, キャッシュ・フローはファングメンタルに関する企業業績を代理するものである. 経営者は, 短期の利益目標を達成するために長期のプロジェクト投資を控えるなど, 投資活動を通じて実際の経営業績を平準化することもある. *ES4* の計算方法はこの点を考慮できており, 実体的な利益平準化による影響を取り除き, 経営者が会計発生高の報告額の調整を通じて利益を平準化する度合いを捉えている.

ず，FERCは低くなることが予想される．このように，株価が利益より先行することを仮定して，過去，現在，および将来利益を用いて現在の株式リターンを説明するという，利益平準化を分解するフレームワークを提案している．

　さらにDou et al.（2013）は，一般に，利益が正である企業の利益予測がより容易であると期待されることから，企業の利益の正・負によって利益の予測可能性が異なると仮定した．そこで将来利益の符号に応じて将来利益を分類し，Tucker and Zarowin（2006）のモデルを改善した．最終的には，以下のDou et al.（2013）のモデルに基づき，利益平準化の中の情報提供部分を推定する．

$$R_{i,t} = \alpha_0 + \beta_1 X_{i,t-1} + \beta_2 X_{i,t} + \beta_3 Profit_{i,t3} \times X_{i,t3} + \beta_4 Loss_{i,t3} \times X_{i,t3} + \beta_5 R_{i,t3} + \varepsilon_{i,t} \quad (1)$$

$R_{i,t}$＝t年の年間株式リターン

$X_{i,t}$＝$t-1$期の総資産額で基準化したt年の税引後経常利益
　　　（当期純利益－特別利益＋特別損失）

$X_{i,t-1}$＝$t-1$期の総資産額で基準化した$t-1$年の税引後経常利益

$X_{i,t3}$＝$t+1$から$t+3$年までの$X_{i,t}$を合計したもの

$Profit_{i,t3}$＝$X_{i,t3}$が正である場合に1を，それ以外の場合に0をとるダミー
　　　　変数

$Loss_{i,t3}$＝$X_{i,t3}$が負である場合に1を，それ以外の場合に0をとるダミー
　　　　変数

$R_{i,t3}$＝$t+1$から$t+3$年までの$R_{i,t}$を合計したもの．

　$R_{i,t}$はt年の年次の株式リターン，$R_{i,t3}$は$t+1$から$t+3$年の株式リターンの合計である（Tucker and Zarowin 2006, p. 257）．$X_{i,t-1}$と$X_{i,t}$はそれぞれ$t-1$期とt期の総資本利益率（ROA）であり，$X_{i,t3}$は$t+1$から$t+3$年までのROAの合計である．$X_{i,t-1}$と$X_{i,t}$は当期の期待外利益をコントロールするためのものである（Lundholm and Myers 2002）．$X_{i,t3}$はt期における将来利益の期待値を算定するために利用する．この期待利益を実績利益で代理することから生じる測定誤差の問題を軽減するために$R_{i,t3}$を含めている．Dou et al.（2013）

に従い，ダミー変数を用いて3年間の累積利益が正か負かに分け，利益の予測可能性を推定する．

　すでに確認したとおり，将来利益反応係数であるβ_3（*FERC_Profit*）とβ_4（*FERC_Loss*）に着目する．これらの係数は，将来利益に対する投資家の期待の変化を反映する．業種別（日経業種中分類）および年度別にポートフォリオを作成し，回帰モデル（1）を推定することでβ_3（*FERC_Profit*）とβ_4（*FERC_Loss*）を推計する[13, 14]．最後に，利益平準化を情報提供部分と歪み部分に分解するために，下記のように *FERC_Profit* と *FERC_Loss* を用いて回帰推定を行う．なお，添え字の *ind* は産業を表す．

$$ES4_{i,\ t} = \alpha_0 + \beta_1 FERC\_Profit_{ind,\ t} + \beta_2 FERC\_Loss_{ind,\ t} + \varepsilon_{i\ t} \tag{2}$$

　情報提供部分（*ES_INFO*）は，*ES4* の予測値として算出され，歪み部分（*ES_GAR*）は残差εとして定義される[15]．*ES_INFO* は，投資家の将来利益予測能力と関連する部分の利益平準化として捉えられる．一方 *ES_GAR* は，将来利益に関する情報を投資家に提供しない利益平準化部分を表すため，歪み部分となる（Dou et al. 2013）．

---

[13] Dou et al.（2013）は39ヵ国を分析対象とした国際比較研究であり，国別と業種別にポートフォリオを作成し，回帰モデルを推定することで将来利益反応係数を推計している．

[14] 本研究の回帰分析によると，β_3（*FERC_Profit*）とβ_4（*FERC_Loss*）の推定結果の平均はともに正であった（それぞれ1.007と0.805）．この結果は，本研究の予測およびDou et al.（2003）の結果と一致しており，企業はグッド・ニュースかバッド・ニュースかを問わず，安定株主の不確実性を解消するために利益平準化を用いることを示唆している．また *FERC_Profit* の係数が *FERC_Loss* の係数よりも大きいという傾向は，利益が正である企業の利益予測がより容易であるという Dou et al.（2013）の主張とも一致する．

[15] 利益平準化の情報提供部分である *ES_INFO* は業種ごとに各年で値が得られ，歪み部分である *ES_GAR* は企業ごとに各年で値が得られることになる．これに対し Dou et al.（2013）の利益平準化の情報提供部分と歪み部分は各国および産業ごとにそれぞれ値が得られる．

3.2　検証モデル

　仮説を検証するため，安定株式保有と利益平準化の関係を以下の回帰モデルを推定することによって分析する．

$$ES = \alpha + \beta_1 STABLE_{i,t} + \beta_2 FOREIGN_{i,t} + \beta_3 MO_{i,t} + \beta_4 ASSET_{i,t} + \beta_5 CFO_{i,t}$$
$$+ \beta_6 SALES_{i,t} + \beta_7 CYCLE_{i,t} + \beta_8 LOSS_{i,t} + \beta_9 CINT_{i,t} + \beta_{10} MTB_{i,t} + \beta_{11} SO_{i,t}$$
$$+ \beta_{12} AF_{i,t} + \beta_{13} ZS_{i,t} + \beta_{14} EV_{i,t} + Industry\ dummy + \varepsilon \qquad (3)$$

$$ES = \alpha + \beta_1 CROSS_{i,t} + \beta_2 FSTABLE_{i,t} + \beta_3 FOREIGN_{i,t} + \beta_4 MO_{i,t} + \beta_5 ASSET_{i,t}$$
$$+ \beta_6 CFO_{i,t} + \beta_7 SALES_{i,t} + \beta_8 CYCLE_{i,t} + \beta_9 LOSS_{i,t} + \beta_{10} CINT_{i,t}$$
$$+ \beta_{11} MTB_{i,t} + \beta_{12} SO_{i,t} + \beta_{13} AF_{i,t} + \beta_{14} ZS_{i,t} + \beta_{15} EV_{i,t}$$
$$+ Industry\ dummy + \varepsilon \qquad (4)$$

ES = 利益平準化の変数（$ES\_INFO_{ind,t}$ と $ES\_GAR_{i,t}$）

$STABLE_{i,t}$ = 安定株主による保有割合

$CROSS_{i,t}$ = 相互保有株式の割合

$FSTABLE_{i,t}$ = 金融機関等安定株主による保有割合（$FSTABLE_{i,t}$ は $STABLE_{i,t}$ から $CROSS_{i,t}$ を差し引くことで定義される）

$FOREIGN_{i,t}$ = 外国法人による株式保有割合

$MO_{i,t}$ = 役員による株式保有割合

$ASSET_{i,t}$ = 総資産の自然対数

$CFO_{i,t}$ = 営業活動によるキャッシュ・フローの5年間移動標準偏差

$SALES_{i,t}$ = 売上高の5年間移動標準偏差

$CYCLE_{i,t}$ = 売上債権日数（年間平均売上債権 / (売上高 / 360)）および棚卸資産日数（棚卸資産の年間平均 / (売上原価 / 360)）の合計額の自然対数

$LOSS_{i,t}$ = 過去5年間の当期純損失を計上した割合

$CINT_{i,t}$ = 総資産に有形固定資産が占める割合

$MTB_{i,t}$ = 純資産簿価時価比率

$SO_{i,t}$ = ストック・オプションを導入している企業で1を，それ以外の企業で0を取るダミー変数

$AF_{i, t}$ = アナリスト・フォロー人数

$ZS_{i, t}$ = Altman (1968) のモデルを用いて算出される Z スコア

$EV_{i, t}$ = 3 年間 ($t+1$ から $t+3$) の税引後経常利益 (前期総資産で基準化
   されたもの) 標準偏差

すべての変数について，年度ごと上位および下位1%の外れ値を置換
している

Industry dummy = 日経業種分類コード (日経業種中分類) のダミー変数

　すでに述べたとおり，本研究は 2 つの変数 (*ES_INFO* と *ES_GAR*) を用い
て利益平準化行動を測定する．(3) 式では，安定的な株式保有の変数として
STABLE を設定しており，(4) 式では *STABLE* を株式相互保有 (*CROSS*) と金
融機関による株式保有 (*FSTABLE*) に分類して検証を行う．*CROSS* は，年度
末における相互保有株式の割合と定義される．相互保有の対象には，年度末
に日本の株式市場に上場しているすべての国内企業が含まれる．*FSTABLE*
は，年度末における金融機関等安定株主による株式の保有割合として計算さ
れる[16]．また安定的な株式保有の分析結果と比較するために，外国人持株比
率 (*FOREIGN*) を回帰モデルに含めている．

　本研究の仮説では，安定的な株式保有と利益平準化の関係が主に利益平準
化の情報提供部分によって説明されるとしている．したがって，安定的な株
式保有と利益平準化の関係が本研究の仮説と一致する場合，回帰モデル (3)
において，*STABLE* と *ES_INFO* の関係は負になることが予想される．また，
回帰モデル (4) において，*FSTABLE* と *CROSS* は，*ES_INFO* とそれぞれ負の
相関を持つことが予想される．さらに，外国人持株比率 (*FOREIGN*) は利益
平準化変数と正の関係を持つ，あるいは影響を与えないと予想される．

---

[16] 金融機関安定株主には，金融機関，信託銀行，その他の金融機関 (証券会社，証券
　金融会社)，および親会社が含まれる．すべてが金融機関に該当する訳でない点に
　留意してほしい．これらの安定的な株式保有変数の定義は，本研究で使用する「株
　式持ち合い状況調査の基礎データ」の定義にしたがっている．分析に用いたデータ・
　ベースの詳細については，サンプル選択の節を参照してもらいたい．

　コントロール変数として，Dechow and Dichev（2002）および Francis et al.
（2004）に従い，利益のボラティリティを決定する要因をコントロール変数
として設定する．Dechow and Dichev（2002）は，会計発生高の質を説明する
要因として，企業規模（*ASSET*），キャッシュ・フローのボラティリティ
（*CFO*），売上高のボラティリティ（*SALES*），営業サイクルの長さ（*CYCLE*），
および損失の実現割合（*LOSS*）の5つを挙げている．

　企業規模について，大企業ほど安定的で経営活動を予測しやすいため，利
益のボラティリティと負の相関があると予想される．キャッシュ・フローの
ボラティリティと売上高のボラティリティは，利益のボラティリティと同様
に，経営環境の不確実性の上昇に伴って増加するため，正に相関することが
期待される．営業サイクルが長いと不確実性が高くなり，利益のボラティリ
ティが大きくなる．損失の報告は，企業の経営環境に大きな負のショックが
あったことを意味するため，利益のボラティリティと正の相関があると予想
される．以上を要約すると，利益のボラティリティは *ASSET* と負の相関を
持ち，*CFO, SALES, CYCLE*, および *LOSS* と正の相関を持つことが予想され
る．

　これらのコントロール変数に加え，Francis et al.（2004）の分析に従い，無
形資産集約度（*MTB*）と資本集約度（*CINT*）の2つの変数を追加する[17]．先行
研究では，無形資産集約度が利益の持続性と正の相関を持ち，利益のボラ
ティリティを低下させることが明らかにされている（Baginski et al. 1999）．
また，資本集約的な企業は営業レバレッジが高いため，利益のボラティリ
ティが大きいことを示唆する研究もある（Lev 1983; Baginski et al. 1999）．し
たがって，利益ボラティリティは *MTB* と負の相関を持ち，*CINT* と正の相関
を持つことが予想される．

　さらに，先行研究では，経営者持株比率が高い企業の経営者は，利益調整

---

[17] 無形資産集約度の代理変数として，Francis et al.（2004）は研究開発費に基づく変数
　　を用いている．しかし，本研究で使用したデータ・ベースでは，2000年までは研究
　　開発費の包括的なデータを入手できないため，無形資産集約度の変数には純資産簿
　　価時価比率を使用している．データの制約の理由は脚注25にまとめている．

を行わない傾向にあることが示されているため，経営者持株比率（*MO*）を利用する（Warfield et al. 1995; Teshima and Shuto 2008）．経営者持株比率が利益調整パターンにどのように影響するかは不明であるため，*MO*の符号を予測することはできない．また，エクイティ・インセンティブは利益ボラティリティを高める可能性が高いので，ストック・オプションの採用を表すダミー変数（*SO*）を回帰式に追加する．Tucker and Zarowin（2006）に従い，アナリスト・フォロー（*AF*）と将来利益ボラティリティ（*EV*）も追加している．Tucker and Zarowin（2006）によると，アナリストの私的情報の収集活動が活発なほど，当該企業の株価に織り込まれる将来利益に関する情報が増加する．また，企業の将来利益のボラティリティが高いほど，予測が困難なため，現在の株価に織り込まれる将来利益の情報が少なくなることが期待される．したがって，この2つの変数は現在の利益のボラティリティと相関することが予想される．最後に，Dou et al.（2013）に従い，Altman（1968）のZスコアで倒産リスクをコントロールする．

4.　サンプル選択と記述統計

4.1　サンプル選択

　サンプルの選択基準は表3-1に要約している．本研究のサンプルは，1988年から2006年までの期間で「株式持ち合い状況調査の基礎データ」から安定的な株式保有に関するデータが入手可能な39,559観測値である．このサンプルから，銀行，証券，保険，その他金融機関，および3月決算でない企業を除外した結果，23,099件の観測値が抽出された[18]．また，分析期間中に会計期を変更した7,336件の観測値も除外した．次に，日経NEEDS Financial

---

[18]　3月決算企業のみをサンプルとしたのは，本分析で用いるデータの整合性を確保するためである．本研究が利用した「株式持ち合い状況調査の基礎データ」の説明書によれば，各企業の安定的な株式保有数は，3月末時点の株式数に基づいて算出されている．これは，日本企業の多くが3月末に決算期を迎えるためだと推測される．そこで，安定株式保有と財務データ（およびその他の株式保有データ）との整合性を確保するため，3月末決算の企業のみをサンプルとして利用する．

表3-1 サンプル選択手順

選択基準	企業-年度
1988-2006年の安定株式保有に関するデータが取得可能な企業-年度	39,559
以下を除外：	
銀行，証券会社，保険会社，その他金融機関	（2,451）
決算期が3月でない企業-年度	（14,009）
本分析に必要な企業-年度に決算期の変更がある	（7,336）
総資産もしくは純資産簿価が負の企業-年度	（52）
独立変数の計算に必要なデータが不足する	（1,898）
従属変数の計算に必要なデータが不足する	（5,018）
最終サンプル	8,795

注)
本分析に必要な株式相互持合いデータは「株式持ち合い状況調査の基礎データ」から取得している．財務諸表データ，経営者持株データ，および株価データは日経NEEDS Financial QUESTから取得している．業種分類は日経業種分類コード（日経業種中分類）に従う．なお使用する財務データは，連結財務諸表のデータを使用する．

QUESTから財務諸表と株式データを統合し，総資産もしくは純資産簿価が負の観測値，および独立変数の算出に必要なデータが不足している観測値を除外した結果，13,813観測値が残った．最後に，従属変数（利益平準化の情報提供部分）を計算するためのデータが不足する観測値を除外した結果，最終的なサンプルは8,795観測値となった．

4.2 記述統計量

表3-2は，本研究で使用する変数の記述統計量である．*CROSS*（*FSTABLE*）の平均は13.6%（17.2%）である．この結果は，株式相互保有と金融機関から構成される日本市場の安定的な株式保有の割合は，平均して30.9%であることを意味している．これは，日本企業の安定的な株式保有を検証した先行研究であるShuto and Kitagawa（2011）と同様の傾向である．

また，*FOREIGN*の割合は平均して7.7%であり，外国法人による株式保有が安定的な株式保有よりも少ないことが分かる．ただし，結果は報告していないが，安定的な株式保有が2000年から徐々に低下しているのに対し，外国法人による株式保有は同時期に上昇し続けていることも確認されている．

表3-3は，本研究の回帰分析に用いる変数のピアソン相関行列を示してい

表3-2 記述統計量

	平均	最小値	Q1	中央値	Q3	最大値	標準偏差	N
$ES4_{i,t}$	−0.032	−1.423	−0.901	−0.435	0.395	5.923	1.253	8,795
$ES\_INFO_{ind,t}$	0.019	−1.331	−0.046	0.032	0.077	1.356	0.146	8,795
$ES\_GAP_{i,t}$	−0.050	−1.826	−0.908	−0.424	0.376	5.862	1.247	8,795
$STABLE_{i,t}$	0.309	0.000	0.195	0.295	0.409	0.760	0.157	8,795
$CROSS_{i,t}$	0.136	0.000	0.067	0.126	0.196	0.434	0.089	8,795
$FSTABLE_{i,t}$	0.172	0.000	0.058	0.116	0.234	0.675	0.158	8,795
$FOREIGN_{i,t}$	0.077	0.000	0.011	0.044	0.115	0.465	0.086	8,795
$MO_{i,t}$	0.024	0.000	0.002	0.004	0.021	0.325	0.048	8,795
$ASSET_{i,t}$	11.604	8.421	10.637	11.438	12.408	15.680	1.307	8,795
$CFO_{i,t}$	0.047	0.008	0.027	0.040	0.059	0.210	0.029	8,795
$SALES_{i,t}$	0.099	0.010	0.048	0.076	0.123	0.753	0.081	8,795
$CYCLE_{i,t}$	4.955	2.760	4.729	5.057	5.294	6.186	0.550	8,795
$LOSS_{i,t}$	0.219	0.000	0.000	0.200	0.400	1.000	0.257	8,795
$CINT_{i,t}$	0.208	0.003	0.128	0.201	0.277	0.655	0.109	8,795
$MTB_{i,t}$	1.533	0.203	0.793	1.226	1.883	15.217	1.204	8,795
$SO_{i,t}$	0.155	0.000	0.000	0.000	0.000	1.000	0.362	8,795
$AF_{i,t}$	3.275	0.000	0.000	1.000	5.000	21.000	4.310	8,795
$ZS_{i,t}$	1.011	0.213	0.721	0.903	1.143	6.617	0.510	8,795
$EV_{i,t}$	0.014	0.000	0.005	0.010	0.019	0.093	0.014	8,795

注）

$ES4_{i,t}$=以下の3つの変数（$ES1_{i,t}$, $ES2_{i,t}$, $ES3_{i,t}$）から主成分分析を通じて算出される，合計利益平準化スコア．$ES1_{i,t}$=税引後経常利益（前期総資産で基準化されたもの）の標準偏差と営業活動によるキャッシュ・フロー（前期総資産で基準化されたもの）の標準偏差の比率．2つの変数とも年度ごと，企業ごとに5年間で算出される．$ES2_{i,t}$=会計発生高変化額（前期総資産で基準化されたもの）と営業活動によるキャッシュ・フロー変化額（前期総資産で基準化されたもの）のスピアマン相関係数．2つの変数とも年度ごと，企業ごとに5年間で算出される．$ES3_{i,t}$=裁量的発生高（$DA_{i,t}$）変化額と非裁量的利益（$NDNI_{i,t}$）変化額のスピアマン相関係数．$DA_{i,t}$=修正ジョーンズ・モデル（Dechow et al. 1995）を用いて算出される裁量的発生高．$NDNI_{i,t}$=税引後経常利益（当期純利益−特別利益＋特別損失）から$DA_{i,t}$を差し引いたもの．スピアマン相関係数は年度ごと，企業ごとに5年移動期間から計算される．

$ES\_INFO_{ind,t}$=利益平準化の情報提供部分で，回帰モデル（2）の推定結果として計算される予測値．

$ES\_GAR_{i,t}$=利益平準化の歪み部分で，回帰モデル（2）の推定結果として計算される残差部分．

$STABLE_{i,t}$=安定株主比率．安定的な株式保有は，株式相互保有（$CROSS_{i,t}$）と金融機関による安定的な株式保有（$FSTABLE_{i,t}$）に分解される．

$CROSS_{i,t}$=相互保有株式の割合．

$FSTABLE_{i,t}$=金融機関安定株主による保有割合（$FSTABLE$は$STABLE$から$CROSS$を差し引くことで定義される）．

$FOREIGN_{i,t}$=外国法人による持株比率．

$MO_{i,t}$=役員による持株比率．

$ASSET_{i,t}$=総資産額の自然対数．

$CFO_{i,t}$=5年間（tから$t-4$年）の営業活動によるキャッシュ・フローの標準偏差（前期総資産で基準化されたもの）．

$SALES_{i,t}$=5年間（tから$t-4$年）の売上高標準偏差（前期総資産で基準化されたもの）．

$CYCLE_{i,t}$=売掛金日数（売掛金年間平均/（収益合計/360））と棚卸資産日数（棚卸資産の年間平均/（売上原価/360））の合計の自然対数．売上原価が報告されない場合は，収益合計から営業利益を差し引いた額を代わりに用いる．

$LOSS_{i,t}$=過去5年間の損失割合．

$CINT_{i,t}$=有形固定資産の純簿価が総資産に占める割合．

$MTB_{i,t}$=純資産簿価時価比率．

$SO_{i,t}$=企業がストック・オプションを採用している場合に1を，それ以外の場合に0を取るダミー変数．

$AF_{i,t}$=アナリスト・フォロー数．

$ZS_{i,t}$=Altman（1968）のモデルを用いて算出されるZスコア．

$EV_{i,t}$=3年間（$t+1$から$t+3$年）の経常利益の標準偏差（前期総資産で基準化されたもの）．

表3-3　相関係数表

	1	2	3	4	5	6	7	8	9	10	11	12	13	14	15	16	17	18	19
1 $ES4_{i,t}$	1.00																		
2 $ES\_INFO_{ind,t}$	0.09***	1.00																	
3 $ES\_GAR_{ind,t}$	0.99***	-0.03*	1.00																
4 $STABLE_{i,t}$	-0.05**	-0.07***	-0.04***	1.00															
5 $CROSS_{i,t}$	-0.08**	-0.08***	-0.07***	0.28***	1.00														
6 $FSTABLE_{i,t}$	0.00	-0.03**	0.00	0.84***	0.30***	1.00													
7 $FOREIGN_{i,t}$	0.02	0.05***	0.01	0.29***	-0.14***	0.21***	1.00												
8 $MO_{i,t}$	0.04***	0.05***	0.03***	-0.39***	-0.18***	-0.29***	-0.06***	1.00											
9 $ASSET_{i,t}$	-0.10***	-0.1***	-0.09***	0.01	0.05***	-0.02*	0.45***	-0.28***	1.00										
10 $CFO_{i,t}$	-0.29***	0.03**	-0.29***	0.06***	-0.08***	0.01	0.01	0.03***	-0.13***	1.00									
11 $SALES_{i,t}$	0.06***	0.00	0.06***	0.05***	-0.04***	0.08***	0.04***	0.03***	-0.12***	0.25***	1.00								
12 $CYCLE_{i,t}$	0.09***	0.00	0.09***	-0.03***	-0.04***	0.01	0.03***	-0.08***	0.05***	0.01	-0.22***	1.00							
13 $LOSS_{i,t}$	0.27***	0.07***	0.27***	-0.04***	-0.07***	0.00	-0.24***	-0.05***	-0.14***	0.06***	0.02*	0.14***	1.00						
14 $CINT_{i,t}$	0.06***	-0.02*	0.07***	0.11***	0.01	0.11***	-0.05***	-0.11***	0.11***	-0.17***	0.25***	-0.02*	1.00						
15 $MTB_{i,t}$	0.08***	0.06***	0.09***	0.04***	-0.06***	0.08***	0.16***	-0.08***	0.19***	0.00	0.06***	0.01	0.06***	1.00					
16 $SO_{i,t}$	-0.02*	0.09***	-0.03**	-0.18***	-0.14***	-0.10***	0.21***	0.17***	0.08***	0.08***	0.06***	-0.04***	-0.04***	0.06***	-0.03**	1.00			
17 $AF_{i,t}$	0.01	-0.03***	0.02	-0.10***	0.05***	-0.07***	0.62***	-0.12***	0.66***	-0.04***	-0.10***	0.10***	-0.21***	0.04***	0.20***	0.10***	1.00		
18 $ZS_{i,t}$	-0.08***	-0.08***	-0.08***	0.10***	0.04***	0.08***	-0.12***	0.05***	-0.22***	0.03***	0.54***	-0.48***	-0.07***	-0.28***	-0.05***	0.05***	-0.14***	1.00	
19 $EV_{i,t}$	0.22***	0.08***	0.21***	-0.08***	-0.13***	0.00	0.07***	0.04***	-0.17***	0.13***	0.10***	0.10***	0.17***	-0.03***	0.07***	0.04***	0.00	-0.06***	1.00

注）

$ES4$は，以下の3つの変数（$ES1_{i,t}$, $ES2_{i,t}$, $ES3_{i,t}$）から主成分分析を通じて算出される。合計利益平準化スコア。$ES1_{i,t}$=税引後経常利益（前期総資産で基準化されたもの）の標準偏差と営業活動によるキャッシュ・フロー（前期総資産で基準化されたもの）の標準偏差の比率。2つの変数とも年度ごと，企業ごとに5年間で算出される。$ES2_{i,t}$=会計発生高変化額（前期総資産で基準化されたもの）と営業活動によるキャッシュ・フロー変化額（前期総資産で基準化されたもの）の標準偏差の比率。2つの変数とも年度ごと，企業ごとに5年間で算出される。$ES3_{i,t}$=税引後経常利益（当期純利益＋特別損益）から$DA_{i,t}$を差し引いたもの，$DA_{i,t}$=修正ジョーンズ・モデル（Dechow et al. 1995）を用いて，企業ごとに5年移動期間から計算される。$NDNL_{i,t}$=税引後経常利益−特別損益の情報提供部分で，回帰モデル（2）の推定結果として計算される予測値。

$ES\_INFO_{ind,t}$=利益平準化の情報提供部分で，回帰モデル（2）の推定結果として計算される残差部分。

$STABLE_{i,t}$=安定株主による持株比率。安定的な株式保有は，株式相互保有（$CROSS_{i,t}$）と金融機関による安定的な株式保有（$FSTABLE_{i,t}$）に分解される。

$CROSS_{i,t}$=相互保有株式の割合。

$FSTABLE_{i,t}$=金融機関安定保有株主による保有割合（$FSTABLE$は$STABLE$から$CROSS$を差し引くことで定義される）。

$FOREIGN_{i,t}$=外国法人による持株比率。

$MO_{i,t}$=役員による持株比率。

$ASSET_{i,t}$=総資産額の自然対数。

$CFO_{i,t}$=5年間（tから$t-4$年）の営業活動によるキャッシュ・フロー（前期総資産で基準化されたもの）。

$SALES_{i,t}$=5年間（tから$t-4$年）の売上高変化率（前期総資産で基準化されたもの）。

$CYCLE_{i,t}$=売掛金回転日数（売掛金年間平均／（収益合計360））と棚卸資産日数（棚卸資産の年間平均／（売上原価／360））の合計の自然対数。売上原価が報告されない場合は，収益合計から営業費用を差し引いた値を用いる。

$LOSS_{i,t}$=過去5年間の損失割合。

$CINT_{i,t}$=有形固定資産の純資産に占める割合。

$MTB_{i,t}$=純資産簿価時価比率。

$SO_{i,t}$=企業がストック・オプションを採用している場合に1を，それ以外の場合に0を取るダミー変数。

$AF_{i,t}$=アナリスト・フォロー数。

$ZS_{i,t}$=Altman（1968）のモデルを用いて算出されるZスコア。

$EV_{i,t}$=3年間（$t+1$から$t+3$年）の経常利益の標準偏差を前期総資産で基準化している。

すべての変数の上位および下位1%の外れ値をウィンソライズしている。

*** 両側t検定において1%水準で有意

** 両側t検定において5%水準で有意

* 両側t検定において10%水準で有意

75

る．表を見ると，*STABLE* 変数は *ES*4（−0.05）および *ES_INFO*（−0.07）とそ
れぞれ負の相関があることが分かる．また *CROSS* と *FSTABLE* は，ともに
ES_INFO と負の相関を示している．この結果は，経営者による利益平準化
行動，特に利益平準化の情報提供部分が安定的な株式保有の増加に伴って増
加する，という仮説と整合するものである．

5. 分析結果

　仮説を検証するために，回帰モデル（3）と（4）を推計した．回帰分析には
プール回帰を用い，Petersen（2009）に従って，企業・年度ごとにクラスター
化した標準誤差に基づく *t* 統計量を示している．第3節で述べたように，利
益平準化の情報提供部分と歪み部分を代理する2つの変数（*ES_INFO* と *ES_
GAR*）を推定し，安定的な株式保有（*STABLE, CROSS* および *FSTABLE*）との
相関関係を検証した．表3-4は回帰分析の結果をまとめたものである．
　表3-4の3列目と4列目は，モデル（3）の推計結果である．表を見ると，
予測と一致して，利益平準化の情報提供部分のみが安定的な株式保有との間
に有意な負の相関があることが確認できる．3列目の *STABLE* の係数（−0.055）
は1％水準で有意であり，予測通り *ES_INFO* との間に有意な負の相関がある
ことを示している．一方，4列目の *STABLE* の係数（−0.170）は有意でなく，
ES_GAR との間には有意な相関は見られない．この結果も本研究の予測と一
致する．
　モデル（4）では，安定的な株式保有を株式相互保有（*CROSS*）と金融機関
による安定的な株式保有（*FSTABLE*）の2つに分類している．回帰分析の結
果は表3-4の5列目と6列目に示している．*ES_INFO* のモデルでは，*CROSS*
と *FSTABLE* の係数は1％水準で有意に負であるが，*ES_GAR* のモデルでは両
方の係数とも有意でない．また，*FOREIGN* は，すべてのモデルにおいて，
利益平準化変数と有意な正の相関を示した．これは，安定株主とは異なり，
外国人株主は情報提供的な利益平準化を促進しないことを示唆している．
　この結果は，他の株式所有構造，企業規模，キャッシュ・フローのボラティ
リティ，売上高のボラティリティ，営業サイクルの長さ，負の利益の実現確
率，無形資産集約度，資本集約度，エクイティ・インセンティブ，アナリス

表3-4 安定的な株式保有と利益平準化の関係についての分析結果

独立変数	予測される符号	モデル3 ES_INFO$_{ind,t}$ 係数（t値）	モデル3 ES_GAR$_{i,t}$ 係数（t値）	モデル4 ES_INFO$_{i,t}$ 係数（t値）	モデル4 ES_GAR$_{ind,t}$ 係数（t値）
Constant		0.170*** (3.004)	1.207** (2.532)	0.182*** (3.131)	1.247*** (2.599)
STABLE$_{i,t}$	−	−0.055*** (−6.777)	−0.170 (−0.970)		
CROSS$_{i,t}$	−			−0.114*** (−5.003)	−0.379 (−1.511)
FSTABLE$_{i,t}$	−			−0.049*** (−6.834)	−0.141 (−0.779)
FOREIGN$_{i,t}$	+	0.130***	0.746* (1.913)	0.122*** (2.759)	0.720* (1.848)
MO$_{i,t}$	+/−	−0.046* (−1.851)	0.642 (1.059)	−0.056** (−2.305)	0.612 (1.004)
ASSET$_{i,t}$	+	−0.005** (−2.433)	−0.142*** (−5.588)	−0.005** (−2.356)	−0.141*** (−5.498)
CFO$_{i,t}$	−	−0.039 (−0.470)	−16.258*** (−22.894)	−0.048 (−0.593)	−16.292*** (−22.694)
SALES$_{i,t}$	−	−0.006 (−0.158)	3.163*** (8.712)	−0.009 (−0.269)	3.149*** (8.688)
CYCLE$_{i,t}$	−	−0.009*** (−4.349)	0.052 (0.784)	−0.010*** (−4.607)	0.050 (0.745)
LOSS$_{i,t}$	−	0.026** (2.416)	1.259*** (9.514)	0.025** (2.337)	1.254*** (9.513)
CINT$_{i,t}$	−	−0.043*** (−2.962)	0.595* (1.859)	−0.047*** (−3.269)	0.579* (1.810)
MTB$_{i,t}$	+	−0.007** (−2.012)	0.059** (2.541)	−0.007** (−2.096)	0.058** (2.520)
SO$_{i,t}$	+	0.029*** (3.575)	−0.090 (−1.530)	0.028*** (3.544)	−0.094 (−1.610)
AF$_{i,t}$	−	−0.002 (−1.377)	0.027*** (3.812)	−0.002 (−1.437)	0.027*** (3.789)
ZS$_{i,t}$	−	−0.006 (−0.837)	−0.206*** (−2.616)	−0.007 (−1.043)	−0.211*** (−2.667)
EV$_{i,t}$	+	−0.063 (−0.306)	10.959*** (6.703)	−0.080 (−0.398)	10.900*** (6.642)
Industry dummy		Yes	Yes	Yes	Yes
Adj. R^2		0.127	0.286	0.128	0.286
N		8,795	8,795	8,795	8,795

注）

ES_INFO$_{ind,t}$＝利益平準化の情報提供部分で，回帰モデル（2）の推定結果として計算される予測値．

ES_GAR$_{i,t}$＝利益平準化の歪み部分で，回帰モデル（2）の推定結果として計算される残差部分．

STABLE$_{i,t}$＝安定株主による持株比率．安定的な株式保有は，株式相互保有（CROSS$_{i,t}$）と金融機関による安定的な株式保有（FSTABLE$_{i,t}$）に分解される．

CROSS$_{i,t}$＝相互保有株式の割合．

FSTABLE$_{i,t}$＝金融機関安定株主による保有割合（FSTABLEはSTABLEからCROSSを差し引くことで定義される）．

FOREIGN$_{i,t}$＝外国法人による持株比率．

MO$_{i,t}$＝役員による持株比率．

ASSET$_{i,t}$＝総資産額の自然対数．

CFO$_{i,t}$＝5年間（tから$t-4$年）の営業活動によるキャッシュ・フローの標準偏差（前期総資産で基準化されたもの）．

SALES$_{i,t}$＝5年間（tから$t-4$年）の売上高標準偏差（前期総資産で基準化されたもの）．

CYCLE$_{i,t}$＝売掛金日数（売掛金年間平均/（収益合計/360））と棚卸資産日数（棚卸資産の年間平均/（売上原価/360））の合計の自然対数．売上原価が報告されない場合は，収益合計から営業利益を差し引いた額を代わりに用いる．

LOSS$_{i,t}$＝過去5年間の損失割合．

CINT$_{i,t}$＝有形固定資産の純簿価が総資産に占める割合．

MTB$_{i,t}$＝純資産簿価時価比率．

SO$_{i,t}$＝企業がストック・オプションを採用している場合に1を，それ以外の場合に0を取るダミー変数．

AF$_{i,t}$＝アナリスト・フォロー数．

ZS$_{i,t}$＝Altman（1968）のモデルを用いて算出されるZスコア．

EV$_{i,t}$＝3年間（$t+1$から$t+3$年）の経常利益の標準偏差（前期総資産で基準化されたもの）．

すべての変数の上位および下位1%の外れ値をウィンソライズしている．

Industry dummy＝日経業種分類コード（日経業種中分類）による業種ダミー．

t値は，Petersen（2009）に従い，分散不均一，クロスセクションおよび時系列相関をコントロールするために，企業クラスターと年次クラスターにおいて補正を加えた頑健標準誤差に基づいて算出する．

*** 両側t検定において1%水準で有意

** 両側t検定において5%水準で有意

* 両側t検定において10%水準で有意

ト・フォロー，将来利益のボラティリティ，および倒産リスクをコントロールした後でも維持されている．*ES_INFO* に関するモデル（3）の 13 個のコントロール変数のうち，9 個の変数の係数の符号は予測と一致した．しかし，*ASSET, LOSS, MTB*，および *EV* の 4 つの変数については，係数が予測符号と一致しなかった[19]．

　さらに，追加的分析として，安定的に株式を保有する企業が実際に利益平準化によって安定した利益を上げているかどうかを検証した．具体的には，安定的な株式保有の水準によってサンプルを 2 つのサブ・サンプルに分類し，それぞれのサブ・サンプルについて過去 5 年間の年次利益の標準偏差を算出した．そして，2 つのサブ・サンプルの結果を比較した．結果は掲載していないが，パラメトリック分析とノンパラメトリック分析を行った結果，安定的な株式保有の多いサブ・サンプルのほうが，利益の標準偏差が小さいことがわかった[20]．これらの結果は，安定的な株式保有の多い企業ほど安定した利益を報告する傾向があるという本研究の仮説と整合する．

　以上の結果から，経営者は，安定株主との長期的な関係を維持するために，将来利益に関する情報提供的な利益平準化を行っていることが示唆される．

---

[19] この予想と反する結果は以下のように解釈ができるかもしれない．例えば，大企業では，情報提供的な利益平準化を状況に応じて柔軟に行っている可能性がある．さらに，*MTB* が企業の成長機会を反映していると仮定すると，成長企業は利益平準化を通じて成長機会をシグナリングしている可能性がある．また，損失企業は，ステークホルダーに有用な情報を伝え，ステークホルダーとの関係を維持するために，利益平準化を行うインセンティブがあるのかもしれない．また利益平準化によって利益がより多くの情報内容を持つことになった結果，将来利益のボラティリティが低下する可能性がある．

[20] 安定的な株式保有の多い企業はど連続して増益を報告する期間が長いかについても検証した．利益の標準偏差の分析と同様に，2 つのサブ・サンプルの連続増益期間の長さを比較した結果，安定的な株式保有の企業ほど，連続増益を報告する期間が有意に短いことが示された．この結果は，仮説と整合し，安定的な株式保有が連続増益達成といった近視眼的行動を抑制することを示唆している．

6. 追加検証

6.1 短期的な利益目標達成のための実体的裁量行動

　本節では，安定的な株式保有と，典型的な近視眼的行動の 1 つである，短期的な利益目標達成のための実体的裁量行動との関係を検討する．先行研究では，経営者が長期的な企業価値の最大化よりも短期的な利益目標を達成するために，研究開発費や広告宣伝費を削減するという実体的裁量行動を行うことが示されている（Dechow and Sloan 1991; Murphy and Zimmerman 1993; Bushee 1998; Lam Detzler et al. 2002）．

　Bushee（1998）の分析は，短期的な投資を行う機関投資家による株式保有と実体的な裁量行動（研究開発費）の関係に着目している点で，本研究と類似している．具体的には，一時的な機関投資家による集中的な株式保有は，経営者が利益目標を達成するために研究開発費を削減する可能性を有意に高めることを明らかにしている．

　安定的な株式保有と Bushee（1998）が言及したような機関投資家による一時的な株式保有は，裁量行動に対して相反する効果を持つと考えられる．そのため，安定的な株式保有は，経営者の短期的な利益目標達成のインセンティブを抑制すると予想される．具体的には，以下の回帰モデルを用い，安定的な株式保有が，経営者の損失回避のための裁量的費用の削減という行動を抑制するかどうかを検証する．

$$
\begin{aligned}
ADISEXP_{i,t} = {} & \alpha + \beta_1 LOSSD_{i,t} + \beta_2 STABLE_{i,t} + \beta_3 FOREIGN_{i,t} \\
& + \beta_4 LOSSD_{i,t} * STABLE_{i,t} + \beta_5 LOSSD_{i,t} * FOREIGN_{i,t} + \beta_6 MO_{i,t} \\
& + \beta_7 ASSET_{i,t} + \beta_8 CFO_{i,t} + \beta_9 SALES_{i,t} + \beta_{10} CYCLE_{i,t} \\
& + \beta_{11} LOSS_{i,t} + \beta_{12} CINT_{i,t} + \beta_{13} MTB_{i,t} + \beta_{14} SO_{i,t} + \beta_{15} AF_{i,t} \\
& + \beta_{16} ZS_{i,t} + \beta_{17} EV_{i,t} + industry\ dummy + \varepsilon_{i,t}
\end{aligned} \tag{5}
$$

$$
\begin{aligned}
ADISEXP_{i,t} = {} & \alpha + \beta_1 LOSSD_{i,t} + \beta_2 CROSS_{i,t} + \beta_3 FSTABLE_{i,t} + \beta_4 FOREIGN_{i,t} \\
& + \beta_5 LOSSD_{i,t} * CROSS_{i,t} + \beta_6 LOSSD_{i,t} * FSTABLE_{i,t} \\
& + \beta_7 LOSSD_{i,t} * FOREIGN_{i,t} + \beta_8 MO_{i,t} + \beta_9 ASSET_{i,t} + \beta_{10} CFO_{i,t}
\end{aligned}
$$

$$+ \beta_{11}SALES_{i,t} + \beta_{12}CYCLE_{i,t} + \beta_{13}LOSS_{i,t} + \beta_{14}CINT_{i,t}$$
$$+ \beta_{15}MTB_{i,t} + \beta_{16}SO_{i,t} + \beta_{17}AF_{i,t} + \beta_{18}ZS_{i,t} + \beta_{19}EV_{i,t}$$
$$+ industry\ dummy + \varepsilon_{i,t} \tag{6}$$

$ADISEXP_{i,t}$＝Roychowdhury（2006）のモデルに従って算出した異常裁
　　　　　量的費用
$LOSSD_{i,t}$＝報告利益がゼロよりわずかに大きい場合に1, そうでない場
　　　　　合に0をとるダミー変数

　本研究では，Bushee（1998）を展開し，裁量的費用をより詳細に測定する．
具体的には，Roychowdhury（2006）のモデルを用いて，異常裁量的費用（*ADI-SEXP*）を推定する．このモデルは，研究開発費，広告宣伝費，販売促進費，
その他の販売費及び一般管理費を含め，異常な裁量的費用を包括的に捉える
ことが可能である[21]．ここでは，短期的な利益目標に関する利益調整の典型
例である損失回避に注目する[22]．*LOSSD*は，わずかに正の利益を報告してい
る場合に1, そうでない場合にゼロとなるダミー変数である[23]．ここでは多く
の先行研究にしたがって，わずかな利益を計上している企業が損失回避を
行った企業と仮定する（首藤2010）．*LOSSD*の係数が負であれば，経営者は
損失を回避するために実体的な利益調整を行っていることを意味する．
　安定株主の影響を観察するために，*LOSSD*STABLE*の係数（または

---

[21] Roychowdhury（2006）モデルの詳細な推計方法はAppendixにまとめている．

[22] Bushee（1998）は，減益回避のための利益調整について調査しているが，本研究で
　　は損失回避の利益調整を対象に分析する．日本企業を対象とした多くの研究では，
　　実体的裁量行動を用いた減益回避はあまり観察されず，損失回避のインセンティブ
　　は高いという証拠が提示されているためである（山口2009, 川澤2010）．

[23] わずかに正の利益を報告している企業を，総資産で基準化した報告利益が0以上
　　0.058未満である企業と定義する．この区間は，基準化した利益のヒストグラムの
　　ゼロのすぐ右の階級幅である．ヒストグラムの階級幅の設定は，Degeorge et al.
　　（1999）で用いられたFreedman and Diaconis（1981）の方法に基づいている．

*LOSSD*CROSS* と *LOSSD*FSTABLE* の係数）に注目する．安定的な株式保有が経営者の裁量的支出の削減を抑制するならば，*LOSSD*STABLE* の係数は，*LOSSD* の係数とは反対に正となることが予想される．

　本節の分析は，2000年から2006年の間のサンプルに限定しているため，サンプルサイズが7,784に減少している．これは，2000年以前の研究開発費に関する詳細なデータが，本研究で使用したデータ・ベースから得られないためである[24]．

　表3-5は回帰分析の結果である．両モデルにおいて，*LOSSD* の係数が有意な負の値であることが見て取れる．これは，経営者が短期的な利益目標を達成するために（損失を回避するために）異常な裁量的費用を減らす可能性があることを意味する．また，*LOSSD*STABLE* の係数は1％水準で有意に正であることが見て取れる．同様に，*LOSSD*CROSS* と *LOSSD*FSTABLE* の係数も予測符号のとおりに有意な正の値である．これらの結果は，安定株式保有は，実体的裁量行動を通じた損失回避行動を抑制していることを示唆している．

　さらに，モデル（5）と同様の回帰モデルを用い，安定的な株式保有が，裁量的な会計行動を反映する裁量的発生高と損失回避の関係に与える影響も検証した．結果は本書には掲載していないが，安定的な株式保有が増えるほど，経営者は損失回避のための裁量的発生高を用いた利益調整を減少させることが示された．これらの結果は，本研究の予測や前述の異常裁量的費用に関する結果と整合的である．

　したがって，これらの結果は，株式の安定保有は，経営者による短期的な利益目標を達成するための近視眼的行動を抑制することを示唆している．

---

[24] 日本の会計基準を定めていた企業会計審議会は，1998年に「研究開発費等に係る会計基準」を公表した．この基準は，研究開発費を支出した時に直ちに費用として計上することを定めたもので，この取り扱いは米国会計基準と同じである．この新しい会計基準は2000年3月から適用されたため，サンプル期間もその期間に限定した．

表3-5 安定的な株式保有と異常裁量的費用の関係についての分析結果

独立変数	予測される符号	モデル5 ADISEXP_{i,t} 係数 (t値)		モデル6 ADISEXP_{i,t} 係数 (t値)	
Constant		0.031	(1.050)	0.036	(1.211)
$LOSSD_{i,t}$	−	−0.019***	(−5.958)	−0.022***	(−4.994)
$STABLE_{i,t}$	+	−0.020*	(−1.835)		
$CROSS_{i,t}$	+			−0.054***	(−2.744)
$FSTABLE_{i,t}$	+			−0.018	(−1.605)
$FOREIGN_{i,t}$	−	0.006	(0.300)	0.003	(0.145)
$LOSSD_{i,t}{}^{*}STABLE_{i,t}$	+	0.039***	(4.177)		
$LOSSD_{i,t}{}^{*}CROSS_{i,t}$	+			0.065***	(2.780)
$LOSSD_{i,t}{}^{*}FSTABLE_{i,t}$	+			0.038***	(4.437)
$LOSSD_{i,t}{}^{*}FOREIGN_{i,t}$	−	0.010	(0.555)	0.012	(0.664)
$MO_{i,t}$	+/−	0.031	(1.077)	0.026	(0.899)
$ASSET_{i,t}$	+	−0.000	(−0.007)	0.000	(0.162)
$CFO_{i,t}$	−	0.064*	(1.827)	0.058*	(1.660)
$SALES_{i,t}$	−	−0.068***	(−3.869)	−0.071***	(−4.013)
$CYCLE_{i,t}$	−	−0.006	(−1.261)	−0.006	(−1.316)
$LOSS_{i,t}$	−	−0.001	(−0.242)	−0.002	(−0.295)
$CINT_{i,t}$	−	−0.040***	(−2.800)	−0.041***	(−2.876)
$MTB_{i,t}$	−	0.002	(1.497)	0.001	(1.264)
$SO_{i,t}$	−	0.010***	(2.913)	0.009***	(2.846)
$AF_{i,t}$	−	0.001**	(2.154)	0.001**	(2.016)
$ZS_{i,t}$	−	0.004	(0.704)	0.003	(0.587)
$EV_{i,t}$	−	−0.057	(−0.879)	−0.060	(−0.911)
Industry dummy		Yes		Yes	
Adj. R^2		0.038		0.039	
N		7,784		7,784	

注)
$ADISEXP_{i,t}$＝異常裁量的費用.
$LOSSD_{i,t}$＝基準化した利益が0以上0.058未満である場合に1, そうでない場合に0をとるダミー変数.
$STABLE_{i,t}$＝安定株主による持株比率. 安定的な株式保有は, 株式相互保有（$CROSS_{i,t}$）と金融機関による安定的な株式保有（$FSTABLE_{i,t}$）に分解される.
$CROSS_{i,t}$＝相互保有株式の割合.
$FSTABLE_{i,t}$＝金融機関安定株主による保有割合（FSTABLEはSTABLEからCROSSを差し引くことで定義される）.
$FOREIGN_{i,t}$＝外国法人による持株比率.
$MO_{i,t}$＝役員による持株比率.
$ASSET_{i,t}$＝総資産額の自然対数.
$CFO_{i,t}$＝5年間（tから$t-4$年）の営業活動によるキャッシュ・フローの標準偏差（前期総資産で基準化されたもの）.
$SALES_{i,t}$＝5年間（tから$t-4$年）の売上高標準偏差（前期総資産で基準化されたもの）.
$CYCLE_{i,t}$＝売掛金日数（売掛金年間平均/（収益合計/360））と棚卸資産日数（棚卸資産の年間平均/（売上原価/360））の合計の自然対数. 売上原価が報告されない場合は, 収益合計から営業利益を差し引いた額を代わりに用いる.
$LOSS_{i,t}$＝過去5年間の損失割合.
$CINT_{i,t}$＝有形固定資産の純簿価が総資産に占める割合.
$MTB_{i,t}$＝純資産簿価時価比率.
$SO_{i,t}$＝企業がストック・オプションを採用している場合に1を, それ以外の場合に0を取るダミー変数.
$AF_{i,t}$＝アナリスト・フォロー数.
$ZS_{i,t}$＝Altman（1968）のモデルを用いて算出されるZスコア.
$EV_{i,t}$＝3年間（$t+1$から$t+3$年）の経常利益の標準偏差（前期総資産で基準化されたもの）.
すべての変数の上位および下位1％の外れ値をウィンソライズしている.
Industry dummy＝日経業種分類コード（日経業種中分類）による業種ダミー.
t値は, Petersen（2009）に従い, 分散不均一, クロスセクションおよび時系列相関をコントロールするために, 企業クラスターと年次クラスターにおいて補正を加えた頑健標準誤差に基づいて算出する.
*** 両側t検定において1％水準で有意
** 両側t検定において5％水準で有意
* 両側t検定において10％水準で有意

6.2　結果の頑健性

　本節では，これまでの分析結果の頑健性を検証するために行った分析を説明する．特に，*STABLE*の定義の妥当性を検証する．ここまでの利益平準化変数は5年間の移動平均で計算していた．ここでは，*STABLE*の代わりに，*STABLE*の5年間移動平均をとった値（*STABLE5*）を用いる．その結果，*ES_INFO*モデルでは，*STABLE5*の係数は有意に負であった．一方，*STABLE5*は*ES_GAR*と有意な相関を持たないことが分かった．これは，本研究の仮説と一致している．したがって，本研究の分析は*STABLE*の定義について頑健であることが確認できる．

7.　結論

　日本の株式市場における株式所有構造の特徴は，株式相互保有や金融機関による安定保有が存在することである．先行研究では，安定的な株式保有は，経営者による近視眼的行動を抑制することを指摘している（Abegglen and Stalk 1985; Porter 1992; Jacobson and Aaker 1993; Osano 1996）．安定株主を持つ企業の経営者は，安定株主との長期的な関係を維持するために，報告利益を平準化するインセンティブを持つことが予想される．

　そこで本研究は，安定的な株式保有が日本企業の利益平準化行動に与える影響を検証した．具体的には，安定的な株式保有は利益平準化の情報提供部分と正の相関があるという仮説を設定した．分析を行った結果，安定株主が多い企業ほど，経営者は安定株主に対して情報提供的な利益平準化を行う可能性が高いことが分かった．さらに，安定的な株式保有は，経営者が短期的な利益目標を達成するために裁量的費用を削減するインセンティブを低下させること分かった．この結果は，安定的な株式保有が近視眼的意思決定を抑制する可能性を示唆する．これらの結果は，安定株主に保有されている企業の経営者は，より平準化された利益を報告し，短期的な利益目標達成のための利益調整を行わないことを示唆している．

　なお，本研究には一定の限界点がある．第1に，本研究で用いた利益調整指標に測定誤差がある可能性は否定できない．第2に，本研究は会計発生高の利用に依拠した利益平準化に分析の焦点を置いているが，後の研究は，安

定した株式保有が投資決定などの実体的行動に対して，どのような影響を与えるかについて調べることができる．最後に，今後の研究では，同時性の問題を解決する必要がある．本研究は安定株主による株式保有が経営者の利益調整行動に影響を与えると仮定しているが，安定株主は利益がより平準化されている企業に投資している可能性がある．

Appendix　裁量的発生高と異常裁量的費用の測定

(1) 裁量的発生高

修正ジョーンズ・モデル（Dechow et al. 1995）を用いて裁量的発生高を推定した．このモデルは，総会計発生高（TAC）を，売上債権の増減を控除した売上高の増減（$\Delta REV - \Delta REC$），償却性固定資産の水準（PPE）に回帰するというものである．

$$TAC_{i,t} = \alpha + \beta_1 (\Delta REV_{i,t} - \Delta REC_{i,t}) + \beta_2 PPE_{i,t} + \varepsilon_{i,t},$$

$$\begin{aligned}
TAC_{i,t} = &((\Delta 流動資産 - \Delta 現金及び現金同等物) \\
&- (\Delta 流動負債 - \Delta 資金調達項目) \\
&- \Delta 長期性引当金 - 減価償却費) を前期末の総資産で除したもの
\end{aligned}$$

$\Delta REV_{i,t}$ = 売上高の増減を前期末の総資産で除したもの
$\Delta REC_{i,t}$ = 売上債権の増減を前期末の総資産で除したもの
$PPE_{i,t}$ = 有形固定資産の総額を前期末の総資産で除したもの

このモデルを，日経業種分類コード（日経業種中分類）により，年度・業種ごとにクロスセクションで推計する．推定された係数を用い，非裁量的発生高（NDA）を測定した．総会計発生高と推定された非裁量的会計発生額との差が，裁量的発生高の代理変数（DA）である．

(2) 異常裁量的費用

Roychowdhury（2006）のモデルを用い，異常裁量的費用を推定する．このモデルは，裁量的費用（DISEXP）を売上高（SALE）に回帰したものである．裁量的費用の欠損値はゼロとした．

$$DISEXP_{i,t} = \alpha + \beta_1 A_{i,t} + \beta_2 SALE_{i,t} + \varepsilon$$

$$\begin{aligned}
DISEXP = &（研究開発費 + 広告宣伝費その他販売費 + 人件費及び福利厚生 \\
&費 + 役員給与及び役員賞与）を前期末の総資産で除したもの
\end{aligned}$$

$A = 1$ を前期末の総資産で除したもの

$SALE_{i,t}$＝前年度の売上高を総資産で除したもの

　このモデルを，日経業種分類コード（日経業種中分類）により，年度・業種ごとにクロスセクションで推計する．NDA の推定と同様に，推定された係数を用い，通常の裁量的費用（$NDISEXP$）を測定した．$DISEXP$ と推定された $NDISEXP$ との差が，異常裁量的費用の代理変数（$ADISEXP$）である．

第4章

総括とインプリケーション

1. 研究結果の要約

　本書の目的は，日本の特徴的な制度的要因が日本企業特有の利益調整行動をもたらすか，ということを調査することであった．本書が注目した日本の制度的特徴は，(1) 税務会計と財務会計の連携，(2) 企業と銀行の密接な関係性，および (3) 安定株主の存在，の3つである．本書の主要な発見事項は以下のようになる．

　第1に，日本企業による損失回避の利益調整が非常に顕著である理由を解明するために，税務会計と財務会計の連携と企業と銀行の密接な関係性に注目した分析を行った．分析を行った結果，(1) 限界税率が高い企業ほど，わずかな正の利益を計上するような損失回避の利益調整を行う，(2) 銀行への依存度が高い経営者は，損失回避の利益調整を行う，(3) これらの制度的要因と損失回避行動の関連性は，上場企業よりも非上場企業で強くなる，ということが明らかになった．これらの結果は，税コストの削減または業績悪化に伴う銀行による経営介入を回避するために，日本企業の経営者は損失回避を行っていることを示唆している．

　第2に，日本の株式所有構造の特徴である，株式相互保有や金融機関による安定株式保有に注目し，それらが経営者の利益平準化行動に与える影響を検証した．分析を行った結果，(1) 安定株主比率が高い企業ほど，経営者は安定株主に対して将来利益に関する情報提供的な利益平準化を行う，(2) 安定株主比率が高い企業ほど，経営者は研究開発費や広告宣伝費のカットを通じた短期的な利益目標の達成を行わない，ということを例証した．これらの結果は，安定的な株式保有は，経営者に，ボラティリティが小さい，将来業

績に関する情報提供的な利益を報告させ，短期的な利益目標達成のための利益調整を抑制することを示唆している．

　以上の本書の調査結果は，日本に特徴的な制度的要因は日本企業特有の利益調整インセンティブを創出していることを示唆している．

2.　研究結果のインプリケーション

　本研究の調査結果は，会計規制または会計・金融実務に対するインプリケーションを有すると思われる．

　第1に，制度的要因は企業の利益調整に影響を与え，それは日本企業のみを対象にしても確認できることが分かった．会計基準の設定機関は，会計情報の品質は，会計基準の新設・改廃のみに依存するのではなく，金融システム，税制または株式所有構造といった企業環境にも左右されることを認識すると良いかもしれない．

　第2に，財務報告や税務に関する規制を行う規制機関も，制度的要因が利益調整に与える影響を理解することは重要であると思われる．特に，税務システムと財務報告システムが密接に結びついているという日本の制度環境およびそれがもたらす経済的帰結の理解は，会計利益と課税所得の品質を考慮する上で重要な要素となるであろう．不正会計の検出や税務調査のプロセスの効率化につながるかもしれない．このような視点は，監査法人にも同様のインプリケーションをもたらす．

　第3に，企業の投資家も利益の質に影響を与える制度的要因の知見を整理することは有益であると思われる．利益の質に着目する株式投資戦略は「会計発生高アノマリー（accruals anomaly）」として知られているが（Sloan 1996），そのような戦略のより深い理解につながるかもしれない．また融資を行う銀行にとっても，経営者の利益調整インセンティブを適切に理解することで，与信管理の効率性向上をもたらす可能性がある．

　ただし，以下の点には留意する必要がある．各章の最後でも指摘したが，本研究の結論は，利益調整等の代理変数の妥当性に依存する．今後の研究では，より洗練された変数の継続的な開発が望まれる．また本研究は，メインバンクや株式所有構造といった日本に特徴的な制度的要因を分析題材とし

た．サンプルは2000年代までの企業を対象としていたため，近年ではその影響が変容している可能性を否定できない．サンプル期間を拡大した研究も今後は期待される。

一ノ宮士郎 (2008)『QOE「利益の質」分析』中央経済社.

榎本正博 (2017)「利益の質に関する国際比較研究の進展と展望」ディスカッション
　　ペーパー, 神戸大学経済経営研究所 (DP2017-J13), 1-27頁.

榎本正博 (2018)「大規模データとしての会計情報と国際比較研究」『會計』第193巻第
　　1号, 25-37頁.

岡部孝好 (2004)「裁量的会計行動研究における総発生処理高アプローチ」ディスカッ
　　ションペーパー, 神戸大学大学院経営学研究科, 1-39頁.

奥村雅史 (2006)「報告利益の裁量的決定─実証的研究の動向と課題」『証券アナリスト
　　ジャーナル』第44巻第5号, 7-17頁.

企業会計基準委員会 (2010)『非上場会社の会計基準に関する懇談会報告書』

桜井久勝 (1991)『会計利益情報の有用性』千倉書房.

首藤昭信 (2010)『日本企業の利益調整─理論と実証─』中央経済社.

首藤昭信 (2013a)「利益調整の動機と手法」伊藤邦雄・桜井久勝責任編集『会計情報の
　　有用性』中央経済社, 251-293頁.

首藤昭信 (2013b)「利益調整研究の体系と新動向」『証券アナリストジャーナル』第51
　　巻5号, 6-19頁.

鈴木一水 (2002)「顕在限界税率の推定」『国民経済雑誌』第186巻第2号, 29-42頁.

須田一幸 (2000)『財務会計の機能─理論と実証』白桃書房.

田澤宗裕 (2010)「棚卸資産を通じた報告利益管理：実体的操作と会計的操作の識別」
　　『現代ディスクロージャー研究』第10号, 21-44頁.

山口朋泰 (2009)「利益ベンチマークの達成と実体的裁量行動」『研究年報経済学』第69
　　巻第4号, 445-466頁.

Abeggglen, J. C., and G. Stalk. 1985. *Kaisha, the Japanese Corporation*. New York: Basic
　　Books (植山周一郎翻訳 (1990)『カイシャ』講談社).

Ahmed, A. S., B. K. Billings, R. M. Morton, and M. Stanford-Harris. 2002. The role of
　　accounting conservatism in mitigating bondholder-shareholder conflicts over dividend
　　policy and in reducing debt costs. *The Accounting Review* 77(4): 867-890.

Alford, A., J. Jones, R. Leftwich, and M. Zmijewski. 1993. The relative informativeness of
　　accounting disclosures in different countries. *Journal of Accounting Research* 31(3):
　　183-223.

Ali, A., and L.-S. Hwang. 2000. Country-specific factors related to financial reporting and the
　　value relevance of accounting data. *Journal of Accounting Research* 38(1): 1-21.

Altman, E. I. 1968. Financial ratios, discriminant analysis and the prediction of corporate bank-
　　ruptcy. *The Journal of Finance* 23(4): 589-609.

Aoki, M. 1990. Toward an economic model of the Japanese firm. *Journal of Economic Literature* 28(1): 1-27.

Aoki, M. 1994. The contingent governance of teams: Analysis of institutional complementarity. *International Economic Review* 35(3): 657-676.

Aoki, M. 2000. *Information, Corporate Governance, and Institutional Diversity: Competitiveness in Japan, the USA, and the Transitional Economies* (S. Jehlik, Trans.): Oxford University Press.

Aoki, M., H. Patrick, and P. Sheard. 1995. The Japanese main bank system: An introductory overview. In M. Aoki and H. Patrick (Eds.), *The Japanese Main Bank System: Its Relevancy for Developing and Transforming Economies* (pp. 1-50). Oxford, N.Y.: Oxford University Press.

Aoki, M., and H. T. Patrick. 1994. *The Japanese Main Bank System: Its Relevance for Developing and Transforming Economies*. N.Y.: Oxford University Press.

Arikawa, Y., and Y. Miyajima, 2007. Relationship banking in post-bubble Japan: Co-existence of soft- and hard-budget constraints. In M. Aoki, G. Jackson and H. Miyajima (Eds.), *Corporate Governance in Japan: Institutional Change and Organizational Diversity* (pp. 51-78). Oxford, U.K.: Oxford University Press.

Baber, W. R., P. M. Fairfield, and J. A. Haggard. 1991. The effect of concern about reported income on discretionary spending decisions: The case of research and development. *The Accounting Review* 66(4): 818-829.

Baginski, S. P., K. S. Lorek, G. L. Willinger, and B. C. Branson. 1999. The relationship between economic characteristics and alternative annual earnings persistence measures. *The Accounting Review* 74(1): 105-120.

Ball, R., A. Robin, and J. S. Wu. 2003. Incentives versus standards: Properties of accounting income in four East Asian Countries. *Journal of Accounting and Economics* 36(1-3): 235-270.

Ball, R., S. P. Kothari, and A. Robin. 2000. The effect of international institutional factors on properties of accounting earnings. *Journal of Accounting and Economics* 29(1): 1-51.

Bartov, E., S. R. Goldberg, and M.-S. Kim. 2001. The valuation-relevance of earnings and cash flows: An international perspective. *Journal of International Financial Management and Accounting* 12(2): 103-132.

Beatty, A. L., B. Ke, and K. R. Petroni. 2002. Earnings management to avoid earnings declines across publicly and privately held banks. *The Accounting Review* 77(3): 547-570.

Bergstresser, D., and T. Philippon. 2006. CEO incentives and earnings management. *Journal of Financial Economics* 80(3): 511-529.

Bhattacharya, U., H. Daouk, and M. Welker. 2003. The world price of earnings opacity. *The Accounting Review* 78(3): 641-678.

Bowen, R. M., L. DuCharme, and D. Shores 1995. Stakeholders' implicit claims and accounting method choice. *Journal of Accounting and Economics* 20(3): 255-295.

Brown, L. D., and M. L. Caylor. 2005. A temporal analysis of quarterly earnings thresholds: Propensities and valuation consequences. *The Accounting Review* 80(2): 423-440.

Burgstahler, D. C., L. Hail, and C. Leuz. 2006. The importance of reporting incentives: Earnings management in European private and public firms. *The Accounting Review* 81(5): 983-1016.

Burgstahler, D., and E. Chuk. 2013. What have we learned about earnings management? Correcting disinformation about discontinuities. Working paper, University of Southern California and University of Washington.

Burgstahler, D., and I. Dichev. 1997. Earnings management to avoid earnings decreases and losses. *Journal of Accounting and Economics* 24(1): 99-126.

Bushee, B. J. 1998. The influence of institutional investors on myopic R&D investment behavior. *The Accounting Review* 73(3): 305-333.

Bushee, B. J. 2001. Do institutional investors prefer near-term earnings over long-run value? *Contemporary Accounting Research* 18(2): 207-246.

Bushman, R. M., and J. D. Piotroski. 2006. Financial reporting incentives for conservative accounting: The influence of legal and political institutions. *Journal of Accounting and Economics* 42(1-2): 107-148.

Cadman, B., and J. Sunder. 2014. Investor horizon and CEO horizon incentives. *The Accounting Review* 89(4): 1299-1328.

Cheng, S. 2004. R&D expenditures and CEO compensation. *The Accounting Review* 79(2): 305-328.

Cheng, Q., and T. D. Warfield. 2005. Equity incentives and earnings management. *The Accounting Review* 80(2): 441-476.

Chung, R., M. Firth, and J.-B. Kim. 2002. Institutional monitoring and opportunistic earnings management. *Journal of Corporate Finance* 8(1): 29-48.

Collins, D. W., S. P. Kothari, J. Shanken, and R. Sloan. 1994. Lack of timeliness and noise as explanations for the low contemporaneous return-earnings association. *Journal of Accounting and Economics* 18(3): 289-324.

Coppens, L., and E. Peek. 2005. An analysis of earnings management by European private firms. *Journal of International Accounting Auditing and Taxation* 14(1): 1-17.

Cornett, M. M., A. J. Marcus, H. Tehranian. 2008. Corporate governance and pay-for-performance: The impact of earnings management. *Journal of Financial Economics* 87 (2): 357-373.

Dechow, P. M. 1994. Accounting earnings and cash flows as measures of firm performance: The role of accounting accruals. *Journal of Accounting and Economics* 18(1): 3-42.

Dechow, P. M., and I. D. Dichev. 2002. The quality of accruals and earnings: The role of accrual estimation errors. *The Accounting Review* 77(1): 35-59.

Dechow, P. M., S. A. Richardson, and I. Tuna. 2003. Why are earnings kinky? An examination of the earnings management explanation. *Review of Accounting Studies* 8(2-3): 355-384.

Dechow, P. M., and R. G. Sloan. 1991. Executive incentives and the horizon problem: An empirical investigation. *Journal of Accounting and Economics* 14(1): 51-89.

Dechow, P. M., R. G. Sloan, and A. P. Sweeney. 1995. Detecting earnings management. *The Accounting Review* 70(2): 193-225.

Dechow, P. M., Ge W., and C. Schrand. 2010. Understanding earnings quality: A review of the proxies, their determinants and their consequences. *Journal of Accounting and Economics* 50(2-3): 344-401.

Degeorge, F., J. Patel, and R. Zeckhauser. 1999. Earnings management to exceed thresholds. *Journal of Business* 72(1): 1-33.

Degeorge, F., Y. Ding, T. Jeanjean, and H. Stolowy. 2013. Analyst coverage, earnings management and financial development: An international study. *Journal of Accounting and Public Policy* 32(1): 1-25.

Demski, J. S. 1998. Performance measure manipulation. *Contemporary Accounting Research* 15(3): 261-285.

Dikolli, S. S., S. L. Kulp, and K. L. Sedatole. 2009. Transient institutional ownership and CEO contracting. *The Accounting Review* 84(3): 737-770.

Dou, Y., O.-K. Hope, and W. B. Thomas. 2013. Relationship-specificity, contract enforceability, and income smoothing. *The Accounting Review* 88(5): 1629-1656.

Douthett, J. E. B., and K. Jung. 2001. Japanese corporate groupings (Keiretsu) and the informativeness of earnings. *Journal of International Financial Management and Accounting* 12(2): 133-159.

Durtschi, C., and P. Easton. 2005. Earnings management? The shapes of the frequency distributions of earnings metrics are not evidence ipso facto. *Journal of Accounting Research* 43(4): 557-592.

Durtschi, C., and P. Easton. 2009. Earnings management? Erroneous inferences based on earnings frequency distributions. *Journal of Accounting Research* 47(5): 1249-1281.

Fan, J. P. H., and T. J. Wong. 2002. Corporate ownership structure and the informativeness of accounting earnings in East Asia. *Journal of Accounting and Economics* 33(3): 401-425.

Francis, J., R. LaFond, P. M. Olsson, and K. Schipper. 2004. Costs of equity and earnings attributes. *The Accounting Review* 79(4): 967-1010.

Freedman, D., and P. Diaconis. 1981. On the histogram as a density estimator: L2 theory. *Prob-

ability Theory and Related Fields 57(4): 453‒476.

Goncharov, I., and J. Zimmermann. 2006. Earnings management when incentives compete: The role of tax accounting in Russia. *Journal of International Accounting Research* 5 (1): 41‒65.

Gopalan, R., T. T. Milbourn, F. Song, and A. V. Thakor. 2014. Duration of executive compensation. *The Journal of Finance* 69(6): 2777‒2817.

Graham, J. R. 1996a. Debt and the marginal tax rate. *Journal of Financial Economics* 41(1): 41‒73.

Graham, J. R. 1996b. Proxies for the corporate marginal tax rate. *Journal of Financial Economics* 42(2): 187‒221.

Gramlich, J. D., P. Limpaphayom, and S. G. Rhee. 2004. Taxes, keiretsu affiliation, and income shifting. *Journal of Accounting and Economics* 37(2): 203‒228.

Grant, J., G. Markarian, and A. Parbonetti. 2009. CEO risk-related incentives and income smoothing. *Contemporary Accounting Research* 26(4): 1029‒1065.

Gu, Z. 2005. Income smoothing and the prediction of future cash flows. Working paper, University of Minnesota.

Guenther, D. A., and D. Young. 2000. The association between financial accounting measures and real economic activity: A multinational study. *Journal of Accounting and Economics* 29(1): 53‒72.

Hanlon, M., and S. Heitzman. 2010. A review of tax research. *Journal of Accounting and Economics* 50(2‒3): 127‒178.

Haw, I., B. Hu, L. Hwang, and W. Wu. 2004. Ultimate ownership, income management, and legal and extra-legal institutions. *Journal of Accounting Research* 42(2): 423‒462.

Healy, P. M., and K. G. Palepu. 1993. The effect of firms' financial disclosure strategies on stock prices. *Accounting Horizons* 7(1): 1‒11.

Herrmann, D., and T. Inoue. 1996. Income smoothing and incentives by operating condition: An empirical test using depreciation changes in Japan. *Journal of International Accounting Auditing and Taxation* 5(2): 161‒177.

Hoshi, T., A. Kashyap, and D. Scharfstein. 1990. The role of banks in reducing the costs of financial distress in Japan. *Journal of Financial Economics* 27(1): 67‒88.

Hoshi, T., A. Kashyap, and D. Scharfstein. 1991. Corporate structure, liquidity, and investment: Evidence from Japanese industrial groups. *The Quarterly Journal of Economics* 106 (1): 33‒60.

Isagawa, N. 2007. A theory of unwinding of cross-shareholding under managerial entrenchment. *Journal of Financial Research* 30(2): 163‒179.

Jacob, J., and B. N. Jorgensen. 2007. Earnings management and accounting income aggregation. *Journal of Accounting and Economics* 43(2‒3): 369‒390.

Jacobson, R., and D. Aaker. 1993. Myopic management behavior with efficient, but imperfect, financial markets: A comparison of information asymmetries in the U.S. and Japan. *Journal of Accounting and Economics* 16(4): 383-405.

Jiang, L., and J.-B. Kim. 2004. Foreign equity ownership and information asymmetry: Evidence from Japan. *Journal of International Financial Management and Accounting* 15(3): 185-211.

Kang, J. K., and A. Shivdasani. 1995. Firm performance, corporate governance, and top executive turnover in Japan. *Journal of Financial Economics* 38(1): 29-58.

Kang, J.-K., and R. M. Stulz. 1997. Why is there a home bias? An analysis of foreign portfolio equity ownership in Japan. *Journal of Financial Economics* 46(1): 3-28.

Kaplan, S. N., and B. A. Minton. 1994. Appointments of outsiders to Japanese boards: Determinants and implications for managers. *Journal of Financial Economics* 36(2): 225-258.

Kirschenheiter, M., and N. D. Melumad. 2002. Can "big bath" and earnings smoothing co-exist as equilibrium financial reporting strategies? *Journal of Accounting Research* 40(3): 761-796.

Kreps, D. M., P. R. Milgrom, J. Roberts, and R. Wilson. 1982. Rational cooperation in the finitely repeated prisoners' dilemma. *Journal of Economic Theory* 27(2): 245-252.

LaFond, R., M. H. Lang, and H. Ashbaugh-Skaife. 2007. Earnings smoothing, governance and liquidity: International evidence. Working paper, Massachusetts Institute of Technology, University of North Carolina and University of Wisconsin, Available at SSRN: http://ssrn.com/abstract=975232.

La Porta, R., F. Lopez-De-Silanes, A. Shleifer, and R. W. Vishny. 1997. Legal determinants of external finance. *The Journal of Finance* 52(3): 1131-1150.

Lam Detzler, M., and S. M. Machuga. 2002. Earnings management surrounding top executive turnover in Japanese firms. *Review of Pacific Basin Financial Markets and Policies* 5(3): 343-371.

Land, J., and M. H. Lang. 2002. Empirical evidence on the evolution of international earnings. *The Accounting Review* 77(Supplement): 115-133.

Lang, M. H., K. V. Lins, M. G. Maffett. 2009. Transparency, liquidity, and valuation: International evidence. Working Paper, University of North Carolina at Chapel Hill, University of Utah, and University of North Carolina at Chapel Hill. Available at SSRN: http://ssrn.com/abstract=1323514.

Leuz, C., D. Nanda, and P. D. Wysocki. 2003. Earnings management and investor protection: An international comparison. *Journal of Financial Economics* 69(3): 505-527.

Lev, B., 1983. Some economic determinants of time-series properties of earnings. *Journal of Accounting and Economics* 5: 31-48.

Lundholm, R., and L. A. Myers. 2002. Bringing the future forward: The effect of disclosure on the returns-earnings relation. *Journal of Accounting Research* 40(3): 809–839.

Mande, V., R. G. File, and W. Kwak. 2000. Income smoothing and discretionary R&D expenditures of Japanese firms. *Contemporary Accounting Research* 17(2): 263–302.

Matsumoto, D. A. 2002. Management's incentives to avoid negative earnings surprises. *The Accounting Review* 77(3): 483–514.

Murphy, K. J., and J. L. Zimmerman. 1993. Financial performance surrounding CEO turnover. *Journal of Accounting and Economics* 16(1–3): 273–315.

Myers, J. N., L. A. Myers, and D. J. Skinner. 2007. Earnings momentum and earnings management. *Journal of Accounting Auditing and Finance* 22(2): 249–284.

Narayanan, M. P. 1985. Managerial incentives for short-term results. *The Journal of Finance* 40(5): 1469–1484.

Osano, H. 1996. Intercorporate shareholdings and corporate control in the Japanese firm. *Journal of Banking and Finance* 20(6): 1047–1068.

Peek, E., R. Cuijpers, and W. Buijink. 2010. Creditors' and shareholders' reporting demands in public versus private firms: Evidence from Europe. *Contemporary Accounting Research* 27(1): 49–91.

Perotti, P., and A. Wagenhofer. 2014. Earnings quality measures and excess returns. *Journal of Business Finance and Accounting* 41(5–6): 545–571.

Petersen, M. A. 2009. Estimating standard errors in finance panel data sets: Comparing approaches. *Review of Financial Studies* 22(1): 435–480.

Plesko, G. A. 2003. An evaluation of alternative measures of corporate tax rates. *Journal of Accounting and Economics* 35(2): 201–226.

Porter, M. E. 1992. Capital choices: Changing the way America invests in industry. *Journal of Applied Corporate Finance* 5(2): 4–16.

Raman, K., and H. Shahrur. 2008. Relationship-specific investments and earnings management: Evidence on corporate suppliers and customers. *The Accounting Review* 83(4): 1041–1081.

Roychowdhury, S. 2006. Earnings management through real activities manipulation. *Journal of Accounting and Economics* 42(3): 335–370.

Sankar, M. R., and K. R. Subramanyam. 2001. Reporting discretion and private information communication through earnings. *Journal of Accounting Research* 39(2): 365–386.

Scholes, M. S., M. A. Wolfson, M. M. Erickson, E. L. Maydew, and T. J. Shevlin. 2002. *Taxes and business strategy: A planning approach* (2nd.). Upper Saddle River, NJ: Prentice-Hall.

Sheard, P. 1994a. Bank executives on Japanese corporate boards. *Monetary and Economic Studies* 12(2): 85–121.

Sheard, P. 1994b. Main Banks and the Governance of Financial Distress. In M. Aoki and H. Patrick（Eds.）, *The Japanese Main-Bank system: Its Relevance for Developing and Transforming Economies*（pp. 188-230）. N.Y.: Oxford University Press.

Shevlin, T. 1990. Estimating corporate marginal tax rates with asymmetric tax treatment of gains and losses. *Journal of the American Taxation Association* 11（2）: 51-67.

Shuto, A. 2009. Earnings management to exceed the threshold: A comparative analysis of consolidated and parent-only earnings. *Journal of International Financial Management and Accounting* 20（3）: 199-239.

Shuto, A., and T. Iwasaki. 2014. Stable shareholdings, the decision horizon problem and pattern of earnings management. *Journal of Business Finance and Accounting* 41（9-10）: 1212-1242.

Shuto, A., and T. Iwasaki. 2015. The effect of institutional factors on discontinuities in earnings distribution: Public versus private firms in Japan. *Journal of Accounting Auditing and Finance* 30（3）: 283-317.

Shuto, A., and N. Kitagawa. 2011. The effect of managerial ownership on the cost of debt. *Journal of Accounting Auditing and Finance* 26（3）: 590-620.

Sloan, R. G. 1996. Do stock prices fully reflect information in accruals and cash flows about future earnings? *The Accounting Review* 71（3）: 289-315.

Smith, C. W., and R. L. Watts. 1982. Incentive and tax effects of executive compensation plans. *Australian Journal of Management* 7（2）: 139-157.

Stein, J. C. 1989. Efficient capital markets, inefficient firms: A model of myopic corporate behavior. *The Quarterly Journal of Economics* 104（4）: 655-669.

Suda, K., and A. Shuto. 2007. Earnings management to meet earnings benchmarks: Evidence from Japan. In M. H. Neelan（Ed.）, *Focus on Finance and Accounting Research*（pp. 67-85）. Hauppauge, NY: Nova Science Pub Inc.

Teshima, N., and A. Shuto. 2008. Managerial ownership and earnings management: Theory and empirical evidence from Japan. *Journal of International Financial Management and Accounting* 19（2）: 107-132.

Thomas, W. B., D. R. Herrmann, and T. Inoue. 2004. Earnings management through affiliated transactions. *Journal of International Accounting Research* 3（2）: 1-25.

Trueman, B., and S. Titman. 1988. An explanation for accounting income smoothing. *Journal of Accounting Research* 26（Supplement）: 127-139.

Tucker, J. W., and P. A. Zarowin. 2006. Does income smoothing improve earnings informativeness? *The Accounting Review* 81（1）: 251-270.

Uno, J., and N. Kamiyama. 2010. Ownership structure, liquidity, and firm value. Working Paper. Graduate School of Finance, Accounting and Law, Waseda University, and Deutsche Securities Inc. Available at http://www.waseda.jp/wnfs/labo/labo3.html.

Wang, H.-D., and C.-J., Lin. 2013. Debt financing and earnings management: An internal capital market perspective. *Journal of Business Finance and Accounting* 40(7‒8): 842‒868.

Wang, L., and K. Yung, 2011. Do state enterprises manage earnings more than privately owned firms? The case of China. *Journal of Business Finance and Accounting* 38(7‒8): 794‒812.

Warfield, T. D., J. J. Wild, and K. L. Wild. 1995. Managerial ownership, accounting choices, and informativeness of earnings. *Journal of Accounting and Economics* 20(1): 61‒91.

Watts, R. L. 1993. A proposal for research on conservatism. Working Paper. University of Rochester. Available at SSRN: http://ssrn.com/abstract=6044.

著者紹介

首藤　昭信

1997 年　関西大学商学部卒業

1999 年　関西大学大学院商学研究科
　　　　　博士前期課程修了（商学修士）

2002 年　関西大学大学院商学研究科
　　　　　博士前期課程単位取得退学

2011 年　神戸大学博士号取得（経営学）

現在　　東京大学大学院経済学研究科 准教授

元. 三菱経済研究所兼務研究員

日本の制度的要因が利益調整に与える影響

2023 年 3 月 20 日　発行

定価　本体 1,500 円＋税

著　　者　　首　藤　昭　信
　　　　　　　シュ　トウ　アキ　ノブ

発 行 所　　公益財団法人　三 菱 経 済 研 究 所
　　　　　　東 京 都 文 京 区 湯 島 4-10-14
　　　　　　〒113-0034 電話 (03)5802-8670

印 刷 所　　株式会社 国 際 文 献 社
　　　　　　東 京 都 新 宿 区 山 吹 町 332-6
　　　　　　〒162-0801 電話 (03)6824-9362

ISBN 978-4-943852-88-9